柴犬と和犬の
あみぐるみ

眞道 美恵子

JN022969

日本文芸社

Contents

あみぐるみ

こんにちワンッ

1 | 黒柴　　　　P.6
How to make ▶▶▶▶▶ P.48

2 | 赤柴　　　　P.7
How to make ▶▶▶▶▶ P.51

3 | 赤柴（子犬）　P.6
How to make ▶▶▶▶▶ P.62

4 | 黒柴（子犬）　P.6
How to make ▶▶▶▶▶ P.63

5 | ごま柴　　　P.8
How to make ▶▶▶▶▶ P.54

6 | 秋田犬　　　P.22
How to make ▶▶▶▶▶ P.56

kuuu…

7 | 狆（ちん）　　P.24
How to make ▶▶▶▶▶ P.59

ブローチ

ゲンキ？

A ｜ 赤柴（キツネ顔）**P.18**
How to make ▶▶▶▶▶ P.80

B ｜ 赤柴（タヌキ顔）**P.18**
How to make ▶▶▶▶▶ P.82

C ｜ 赤柴（ヒコーキ耳）**P.19**
How to make ▶▶▶▶▶ P.84

D ｜ 黒柴　　　　　**P.19**
How to make ▶▶▶▶▶ P.85

E ｜ 狆（ちん）　　 **P.26**
How to make ▶▶▶▶▶ P.87

F ｜ 紀州犬　　　　**P.27**
How to make ▶▶▶▶▶ P.88

G ｜ 秋田犬　　　　**P.28**
How to make ▶▶▶▶▶ P.89

H ｜ 北海道犬　　　**P.30**
How to make ▶▶▶▶▶ P.91

I ｜ 甲斐犬　　　　**P.32**
How to make ▶▶▶▶▶ P.92

J ｜ 四国犬　　　　**P.33**
How to make ▶▶▶▶▶ P.93

あみぐるみ・ブローチ　必要な材料と道具…P.36
あみぐるみ・ブローチ　共通の手順　………P.37
あみぐるみの作り方 …………………………P.38
ブローチの作り方 ……………………………P.68
編み目記号表………………………………P.94

●印刷物のため、現物と色が異なる場合があります。ご了承ください。
●糸や用具の表示内容は、2023年11月のものです。

はじめに

　柴犬は筋肉質の体に、ダブルコートのしっかりとした毛、くるりと巻いたしっぽと三角にピンと立った耳が特徴です。また一言で柴犬といっても、顔つきはキツネ顔とタヌキ顔にわかれます。

　そのような柴犬らしい特徴をあみぐるみに表現しようと、何年もチャレンジしては完成しきれないままになっていました。その間、ワンコ、にゃんこのあみぐるみ本のための作品作りを通して、よりリアルな土台の編み方、植毛の方法に気づくことができ、柴犬・和犬の制作がスタートしました。

　柴犬らしい形を編み出すために、ひとつの作品のなかで糸の本数やかぎ針の号数を変えています。

　植毛もいままでの作品よりも糸の本数を増やし、間隔をせばめることで、柴犬らしい毛並みを再現できるようにしてみました。

　また柴犬と表情の似ている、北海道犬、秋田犬、甲斐犬、紀州犬、四国犬、かわいらしい狆も加えて、10点のブローチの作り方を紹介しています。

　植毛する糸を変えて、それぞれの犬種のあみぐるみにも応用できるかと思います。

　編み物が初めての方には少し難しいところがあるかもしれませんが、作りごたえがあるので、完成した時の喜びもひとしおです。

　まずはブローチで、柴犬と和犬のあみぐるみ作りの楽しさを知っていただけたら嬉しいです。

眞道 美恵子

4

3

子犬の柴犬たち。成犬よりもコンパクトに、コロンとしたシルエットになるようにトリミングします。小さめの耳を離し気味につけると、よりパピー感がアップします。

How to make…P.62 **3**、P.63 **4**

柴犬の中でもレアな存在の黒柴。黒と白と茶の毛糸を使い分けながら植毛しています。目の上にある"マロ眉"がポイントです。

How to make…P.48

2 — 赤柴

ただいま

柴犬の代表的な赤茶色の毛色をもつ赤柴。
柴犬には"タヌキ顔"と"キツネ顔"があり、
こちらはふっくらタイプのタヌキ顔です。

How to make…P.51

4 — 黒柴（子犬）

3 — 赤柴（子犬）

2

伏せのポーズもどこか凛々しいご
ま柴。赤毛と黒毛が混ざった毛色
は、4色の毛糸を組み合わせて植
毛し、ごま模様を表現しています。

How to make…P.54

What a lovely day!

1

Welcome to our home.
It's nice to have you here!

What's for today's lunch?

2

let's take a break ♡

3

4

お出かけが大好きな
赤柴のトラベルフォトです。

Let's go somewhere fun!

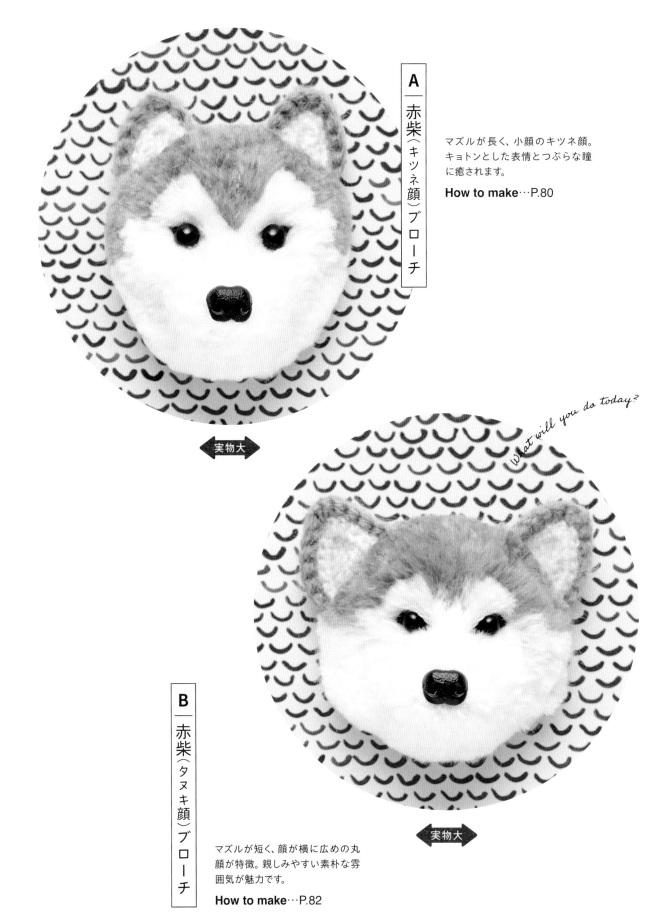

赤柴（キツネ顔）ブローチ

マズルが長く、小顔のキツネ顔。
キョトンとした表情とつぶらな瞳
に癒されます。

How to make…P.80

実物大

What will you do today?

B

赤柴（タヌキ顔）ブローチ

マズルが短く、顔が横に広めの丸
顔が特徴。親しみやすい素朴な雰
囲気が魅力です。

How to make…P.82

実物大

18

★ Keep smiling.

C — 赤柴（ヒコーキ耳）ブローチ

耳を後ろにペタンと倒すヒコーキ
耳の柴犬。穏やかな満たされた表
情に笑顔がこぼれます。

How to make…P.84

実物大

D — 黒柴ブローチ

黒、白、茶のコントラストがきれい
な黒柴。舌をつけることで愛嬌抜
群の表情になります。

How to make…P.85

実物大

おかえり

**6
秋
田
犬**

忠犬ハチ公としておなじみの秋田犬。
がっしりとした体格とあご肉も再現。
白い毛糸をたっぷり植毛して丸っこ
く仕上げるのがコツです。

How to make…P.56

実は日本生まれの小型犬。大きな目にペッチャとした顔立ち、黒い垂れ耳、長毛種ならではのふわふわでエレガントな雰囲気に仕上げています。

How to make…P.59

大きな垂れ耳と大きな目がチャームポイント。胸の飾り毛をはじめ、たっぷり植毛するのがコツです。

How to make…P.87

How to make…P.87

E｜狆ブローチ

実物大

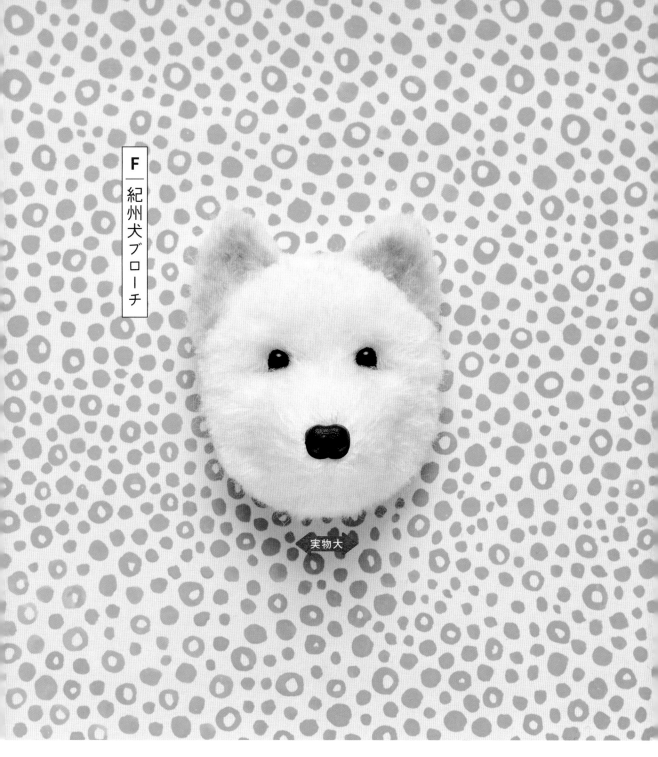

F 紀州犬ブローチ

実物大

真っ白な紀州犬は素朴でキリッと
した顔立ちが印象的。目は小さめ
に、マズルはやや長めに。

How to make…P.88

Let's take a photo!

がっしりとしたまん丸な顔でたくましさを表現。キリッと上がった目尻と、口の刺しゅうで秋田犬らしい表情に。

How to make…P.89

実物大

let's take easy!

厳しい寒さの中で暮らす北海道犬
は、豊かな被毛が特徴。密に植毛
した真っ白な毛とピンクの舌が、た
くましさの中に愛らしさを感じさせ
ます。

How to make⋯P.91

実物大

I ─ 甲斐犬ブローチ

野性味あふれる顔立ちは猟犬ならでは。植毛せずに2色の毛糸で編み起毛することで、特徴である虎毛を表現しています。

How to make…P.92

闘争心溢れる勇敢な四国犬。5種
の毛糸で細く植毛し、凛々しさや
強さを表現しています。

How to make…P.93

実物大

J ─ 四国犬ブローチ

Let us go for a nice walk.

F J

D

6 5

Everyone gather together!

| | | 2 | 1 | 6 | |
| 7 | | 3 | 4 | | 5 |

Have fun crocheting!

6
4

あみぐるみ・ブローチ

必要な材料と道具 あみぐるみ、ブローチを作る際に必要な物を紹介します。

〈主な材料〉

①ハマナカボニー　②ピッコロ　③ハマナカモヘア／
　土台用、植毛用の毛糸
④手縫い糸(30番)／ブローチピンや山高ボタンを縫い
　つける
⑤ハマナカネオクリーンわたわた(手芸綿)／土台の中
　に詰める
⑥ドッグノーズ(差し鼻)／上から23mm、18mm、12mm
　※15mmも使用
⑦クリスタルアイ(目ボタン)／ブラウン18mm
⑧あみぐるみEYE 山高ボタン／13.5mm
⑨差し目(目ボタン)／上から12mm、10mm
⑩プラスチックアイ／ブラウン9mm ※12mmも使用
⑪差し目(目ボタン)／上から8mm、6mm
⑫ブローチピン35mm／ブローチの裏側につける

①〜③、⑤、⑧／ハマナカ
④、⑥、⑨〜⑪／シュゲール(クラフトトーカイ)

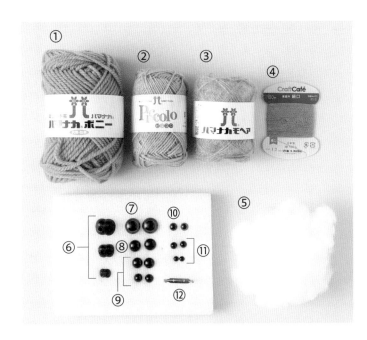

〈主な道具〉

①フェルトパンチャー用スポンジマット／フェルトパンチャ
　ー用針を使用する際のマット
②手芸用アルミワイヤー(太さ2mm)／あしやしっぽに入
　れて補強する
③ハマナカ テクノロート(形状保持剤／太さ0.7mm)／耳
　の芯として使用
④クロバー ボンド手芸用 極細ノズル／鼻ボタンや目ボタ
　ンを接着させる
⑤アップリケパンチャー用 押さえ手／目の周りなど細かい
　部分の糸を押さえる作業で使用
⑥スリッカーブラシ／犬のお手入れ用ブラシ。本書では植
　毛した糸をほぐしたり、植毛しない作品の土台を起毛さ
　せる際に使用
⑦糸切りばさみ／糸をカットする
⑧カットワークはさみ／植毛した糸をカット、トリミングする
⑨丸やっとこ／アルミワイヤーを切ったり、曲げ伸ばしする
　時に使用
⑩フェルトパンチャー替針／フェルティングニードルの替針。
　本書では針だけを使用
⑪とじ針(太番手)／あみぐるみのとじ合わせや植毛に使
　用
⑫とじ針シャープポイント／ブローチのとじ合わせや植毛・
　刺しゅうで使用
⑬縫い針／縫い糸を通して使用
⑭かぎ針「アミュレ」／あみぐるみ、ブローチの土台を編む
　ための針

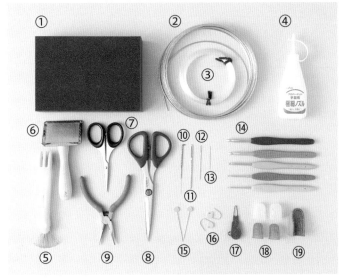

⑮あみもの用待針／パーツをとじ合わせる際にとめる
⑯段数マーカー／段の立ち上がりの目印として編み目につける
⑰ニッティングスレダー／毛糸用の糸通し
⑱カラフルラバーシンブル／あみぐるみの植毛の際、針を引き出すとき
　に使用 ※イエローはゆったりサイズ
⑲3Dシンブル／あみぐるみの植毛の際、針を押し出すときに指を守る
※ブラッシングやトリミングの際には細かい糸を吸い込まないように、
　マスクの使用をおすすめします。

①、④、⑤、⑧、⑩〜⑲／クロバー　②、③／ハマナカ

あみぐるみ共通の手順

P.38から始まるあみぐるみの作り方の、基本的な手順を紹介します。

❶編み図のとおりに各パーツを編む。編み終わりの糸はすべて30cmほど残しておく。

❷耳以外の各パーツに手芸綿を入れる（めやすは固めのクッションくらい）。

※あしにワイヤーを入れる作品もあり。

❸ポーズに合わせて、各パーツを体の土台にとじ合わせる。目ボタン、ドッグノーズを差し込む。

❹指定の糸で土台全体に植毛する。

❺根元をフェルティングニードルで押さえて固定する。

❻スリッカーブラシで糸をほぐしながら、ハサミで好みの形にカットする。

❼ブラッシングとカットを繰り返して、フェルティングニードルで形を整える。

❽目ボタン、ドッグノーズのバランスを確認して、手芸用ボンドでつける。山高ボタンは縫いとめる。

※編み手の力加減などによってパーツのサイズが増減する可能性があります。 指定のとおりにパーツが収まらない場合は、バランス重視で組み立てましょう。

ブローチ共通の手順

P.68から始まるブローチの作り方の、基本的な手順を紹介します。

❶編み図のとおりに各パーツを編む。

※耳（外）はテクノロートを編みくるめるものもあり。

❷顔表・裏に手芸綿を入れてとじ合わせる。

❸口、耳パーツをとじつける。

❹目ボタン、ドッグノーズを差し込む。

❺指定の糸で植毛する。

※植毛しない犬種はスリッカーブラシをかけて起毛させる。

❻根元をフェルティングニードルで押さえて、糸を固定させる。

❼植毛した糸をスリッカーブラシでほぐしながら、ハサミで毛先をカットする（長さは全体のバランスを見て）。

❽スリッカーブラシでのブラッシングとカットを繰り返し、フェルティングニードルで形を整える。

❾必要なものは目、口を刺しゅうし、舌をつける。

❿目ボタン、ドッグノーズをボンドでつける（バランスを確かめて、可愛く見える位置にずらしてもよい）。

⓫ブローチピンを手縫い糸で縫い付ける。

01 わの作り目を編む。針を糸の後ろにあて、反時計回りに針先を手前に回す。

02 針に糸が巻きつき、わができる。

03 左手の親指で押さえているところは このように糸が交差する。

04 針に糸をかけ、わの中に引き抜く。

05 引き抜いたところ。

06 わの1段目を編む。針に糸をかけ、もう一度引き抜く。

07 1段目の立ち上がりが完成。

08 わの中に針を入れ、編み始めの糸端を拾う。

09 針に糸をかけ、引き出す。

10 針に2ループかかる。

11 針に糸をかけ、2ループを一度に引き抜く。

12 1目めの細編みが完成。

13 1段目の1目めの細編みの頭に、段数マーカーをつける。

14 ⑧〜⑫をあと5回繰り返し、細編み6目を編み入れる。

15 1段目の6目が編めたところ。

16 針を一旦外し、編んだところを押さえながら糸端を引きしぼる。

17 わが引き締まり、円形になる。

18 針を戻し、段数マーカをつけた1段目1目めの細編みの頭2本に針を入れ、段数マーカーをはずす。

19 針に糸をかけ、2ループを一度に引き抜く(1段目の完成)。

20 2段目を編む。くさり編みを1目編む(2段目の立ちあがり)。

21 立ち上がりのくさりの根元に針を入れ、細編みを1目編む。

22 1目めの細編みの頭に段数マーカーをつける。

23 1目めと同じ位置に針を入れ、もう1目細編みを編む(細編み2目編み入れる)。

24 2段目は2目一度の細編みで12目編み入れる。3段目以降は編み図のとおりに編む。

〈頭の模様の編み込み・糸替え〉 ※糸の渡りが5目以下の場合

01 色を変えたい目の1目前を未完成の細編みにする。

02 編んでいる方の糸は休ませて、別の糸に持ち替える。

03 糸を後ろにあて、糸をかけて2ループを一度に引き抜き、細編みを完成させる。

04 矢印の目が、糸を変えたい目の細編みの頭となる。

05 未完成の細編みを編む。

06 色替えした糸の端を、針と糸の間に渡す(糸端の始末)。

07

細編みを完成させる。

08

もう1目未完成の細編みを編む。

09

後ろで休ませていた方の糸に持ち替え 編み図のとおりに編む。色変えの目数が5目くらいまでは糸を切らずに、後ろに渡す。

〈糸替えの方法（糸の渡りが6目以上の場合）〉

01

編んでいた方の茶の糸は、糸端5cmくらい残して切る。色を変えた次の目の頭が編めたところ。

02

未完成の細編みを編む。

03

編んできた糸端と、新しく変えた糸の端を持ち、針と糸の間に渡し、編みくるむように細編みを編む。

04

編み図のとおりに編んだら、また糸を持ちかえて、01〜03と同様に色変えをする 。

05

03と同様に糸始末をする。

※編みくるむのは初めの1目
のみとする。(すべて編みく
るむと表側に編みくるんだ
糸色が見えてしまうため)

〈口（マズル）を編む（くさりの作り目）〉ハマナカボニー1本どり 針7/0号

01

くさり4目と立ち上がりのくさり1目を編み、くさりの作り目の4目めに針を入れる。

02

細編みを1目編む。

03

2段目に上がるときの印として、細編みの頭に段数マーカーをつける。

04

端まで細編みを1目ずつ編む。

05

4目めに細編みをもう1目編む。

06

編み地を回し、同じところにもう1目細編みを編む。

07

端の目に細編み3目編めたところ。

08

となりの目にも細編みを1目ずつ、あと3目編む。

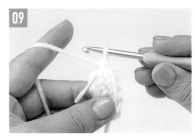

09

最後の目には、細編み2目を編み入れる。

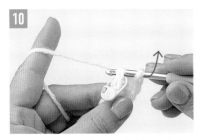

10

段数マーカーをつけた1目めの細編みの頭2本に針を入れ、引き抜き編みをする。

11

くさりの作り目の1段目が完成。楕円形の編み地になる。

12

2段目以降編み図のとおりに編み、口(マズル)の完成。

〈あし先(後ろあし)を編む〉(中長編み変わり2目の玉編み)〉ハマナカボニー2本どり 針9/0号

01

わの作り目で7目編む。

02

細編みを1目編み、段数マーカーをつける。

03

針に糸をかける。

04

次の目に針を入れ、糸をかけ、矢印のように引き出す。

05

針に3ループ糸がかかり、同じ目にもう1度 03、04 を繰り返す。

06

針に5ループ糸がかかる。針に糸をかけ、右端の1ループを残して引き出す。

07

もう1度針に糸をかけ、残った2ループを引き抜く。

08

中長編み変わり2目の玉編みの完成。

09

同様に3回繰り返し、細編みを2目編んだら完成。
(前後で編み図が異なります)

01 くさりの作り目5目と立ち上がり3目のくさりを編む。

02 針に糸をかけ、作り目の4目めに針を入れる。

03 引き抜く。

04 糸をかけ、2ループ引き出す。

05 もう1度糸をかけ、残りの2ループを引き抜く。

06 となりの目に02〜06をもう1回繰り返し、長編み2目が完成。

07 針に糸をかけ、次の目に入れる。

08 引き出す。

09 針に糸をかけ、3ループを1度に引き抜く。

10 中長編みの完成。

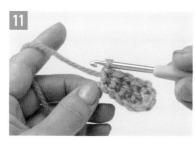

11 次の目に細編み1目を編む。

12 もう2目細編みを編み入れ（端の目に細編み3目）、編み地を回す。

13 くさりの作り目の反対側に編み図のとおり編む。

14 最後の目に長編み2目を編み入れる。

15 さらに針に糸を2回かける。

16 くさりの作り目の同じ目に針を入れ、引き出す。

17 針に糸をかけ、2ループ引き出す。

18 もう一度針に糸をかけ、2ループ引き出す。

19 もう一度針に糸をかけ、残りの2ループを引き抜く。

20 長々編みが編め、右耳の1段目が完成。

21 30cmのテクノロートを2つ折りにし、くさりと糸の間にあてる。

22 くさりを編んで編みくるむ。編み地を裏返し、2段目の細編みでも編みくるむ。

23 編み図のとおりに編む。(裏面から見たところ)

24 内耳はモヘア1本、ピッコロ1本の2本どり、4/0号針で同様に編む。内耳にテクノロートは入れない。左耳は、各作品の編み図を参照。

〈模様がななめにならない段の上がり方(変わり段の上がり方)〉

01 編み図の指定の段をチェックし、くさりの立ち上がりを編む。

02 1目めの細編みは、くさりの根元ではなく、その1目横の目に針を入れる。

03 矢印部分を1目めとして、先は編み図のとおりに編む。1目めの細編みの頭に、段数マーカーをつける。

04 色変えのある位置は、前段の目とずれるが、右から目数のとおりに編む。

05 編み終わりも1目ずれる。

06 1周編んだら、最後の目はくさりの立ち上がりがでているくさりの作り目を拾って編む。編み終わったところ。

07

1目めの細編みの頭に針を入れ、糸をかけ引き抜く。

08

くさりの立ち上がりを編む。

09

次の段からは、立ち上がりのすぐ根元に細編みを編み入れる(通常の編み方に戻す)。

10

次の段の細編み1目めが編めたところ。

11

変わり段の立ち上がりは作品によって位置が異なる。段数マーカーをその都度1目めにつけると、目数を確認しやすい。

12

5段ごとに変わり段の上がり方をすると、遠目から見るとまっすぐに模様が編み上がる。
(作品によって位置は異なります)

〈とじ合わせる(ワイヤーの入れ方)〉

01

体と胸を待ち針でとめる。胸の土台の目を1目すくう。

02

体の細編みの足(縦に渡っている糸)をすくう。

03

胸に戻り、コの字を描くようにぐるりと1周とじ合わせる(お腹の白い部分は、とじ糸も白に変える)。
※とじ合わせや植毛の際に針を引き出すとき、ラバーシンプルが便利。針がつかみやすくなります。

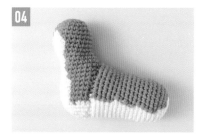

04

胴体の完成。

05

耳を合わせる。内耳と外耳を重ね、内耳のくさり外側を拾いながらとじ合わせる。

06

右耳の完成。左耳も同様に仕立てる。

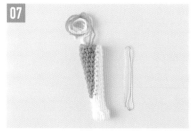

07

あしを組み立てる。足の長さマイナス1cmの長さでワイヤーを三つ折りにする。

08

ワイヤーに手芸用ボンドをつける。

09

手芸綿をシート状に伸ばし、ワイヤーに巻きつける。

10

あしの色の毛糸を巻きつける。

11

前あしの形に近くなるよう、整える。

12

あし先分は手芸綿を詰める。

13

11で組み立てたワイヤー芯を編み地に入れる。

14

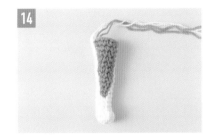

前あしの完成。しっぽも同様に仕立てる。

15

後ろあしは、**11**と同様にワイヤー芯を用意し、付け根の前後の脇に手芸綿を加え、形を整える。

16

前あしを組み立てる。指定の位置に、待ち針で留める。

17

体の1目と、あしの細編みのあしを交互にコの字に拾いながら、足の表側をとじ合わせる。

18

あしの内側は、胸と体の編み地とあしの重なっている部分をとじ合わせる。

19

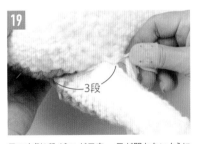

足の内側3段くらいが目安。 足が開かないようにする。

20

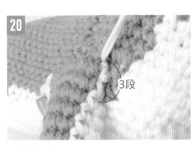

とじ終わったところ。

21

バランスを見ながら、前あし後ろあしを体にとじ合わせる。

22

マズルをとじ合わせる。 耳のワイヤーを指定の位置に差し込む(長い場合は1cmくらいにカット)耳の前後を1周とじ合わせる。

23

差し目(目ボタン)、ドッグノーズを仮に入れて土台の完成。

〈植毛、カットをする〉※植毛糸の準備は P.75参照

一目すくって、指定の長さより5mm～1cmくらい長めに糸を切る。体は8本取りを二重で使用。

植毛の間隔は1目おき、1cmくらい。植毛する位置は目の間や段数にこだわらず、均等に根元を揃えるつもりで植える。

根元をフェルティングニードルでつついて固定する。

指の負担を軽減

とじ針を引き抜くときに、ラバーシンプル(指サック)や3Dシンブル(指ぬき)を使用すると良い。

下から上に向かって植毛していく。先に植毛した場所を手で覆うようにすると、糸がからみにくい。

あし先は8本を一重にして植毛する。

一目ずつ細かく植えていく。

あしの付け根まで植毛する。

あし先に向かってスリッカーブラシをかける。

余分な長さは、あしの形に沿ってカットする。

押さえ手で毛流れを作りながら足先に向かって、フェルティングニードルで毛先を押さえる。

あしの形にそって、毛流れができたところ。以下のポイントを参考に全体を植毛し、カットする。

〈あみぐるみの植毛のポイント〉

頭胸、体、あしの付け根、しっぽは8本の植毛糸を二重にして16本で植毛。あし先、口、耳など細かい部分は8本の植毛糸を一重で植毛を基本とする。

植毛する順番は、下から上、あし先から付け根に向かってを基本とする。植毛が終わった場所を手で覆うようにすると、糸がからみにくい。

体は毛流れにそってブラッシングする。口、耳、あし先は毛がなるべく本体にぴったりつくように、押さえ手で毛流れを作りながらフェルティングニードルで毛先を押さえる。

〈 耳の植毛、カットをする 〉

外耳の毛を1段ごとに植毛する（植毛糸は8本）。

輪郭を1周したら、写真のように毛をまとめて、フェルティングニードルで固定する。

耳の裏側も植毛する。

根元をフェルティングニードルで固定し、スリッカーブラシをかける。

耳裏の余分な長さは耳の形に沿ってカットする。

フェルティングニードルで耳の輪郭と全体をつついて、薄く仕上げる。

前から見たところ。

外耳の周りをカットする。

外耳ができたところ。

内耳の輪郭に沿って植毛する。

植毛糸は8本どりを一重にして使用。

1周植えたところ。

外耳と同様に、耳の形に沿って毛を押さえる。

耳の輪郭に沿ってカットする。

内耳が整って、耳の植毛が完成。反対の耳も同様に仕上げる。

1 黒柴 ➡ P.6

●出来上がりサイズ
高さ37cm×長さ25cm しっぽ15cm

正面

後ろ

側面

〈植毛指示図〉

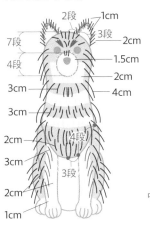

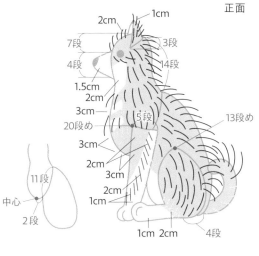

■ A糸
▬ B糸
▬ C糸

〈使用糸と針〉

	部位	使用糸	糸色	色番号	引きそろえ	本数	針
土台	頭胸・体・前あし・後ろあし・しっぽ	ボニー	黒	402	2本	2本	10/0 号 9/0 号
		ボニー	白	401	2本	2本	
	口	ボニー	黒	402	1本	1本	7/0 号
		ボニー	白	401	1本	1本	
	外耳	ボニー	黒	402	1本	1本	
	内耳	ピッコロ	黒	20	1本	2本	4/0 号
		モヘア	黒	25	1本		

〈植毛糸・刺繍糸〉

	部位	使用糸	糸色	色番号	引きそろえ	本数
A ▬		ピッコロ	黒	20	4本	8本
		モヘア	黒	25	4本	
B ▬		ピッコロ	濃ベージュ	38	4本	8本
		モヘア	茶	92	4本	
C		ピッコロ	白	1	4本	※8本
		モヘア	白	1	4本	
タン・刺しゅう		モヘア	茶	92	2本	2本

※口周りなど細かい部分は8本を一重で植毛（P.46、P.75参照）

〈糸の使用量〉

使用糸	色番号	使用量
ボニー	402	210g
ボニー	401	120g
ピッコロ	20	100g
モヘア	25	100g
ピッコロ	38	20g
モヘア	92	20g
ピッコロ	1	40g
モヘア	1	40g

〈その他材料〉

種類	色・形	サイズ	量
差し目	黒	12mm	1組
ドッグノーズ	黒	23mm	1個
テクノロート		30cm	2本
アルミワイヤー	前あし・しっぽ	2mm（太さ）	1.5m
綿			80g

編み図

※㉑㉒段めのくさり2目の立ち上がりは目数にいれない。
段の終わりの引き抜きは1目めの中長編みの
頭に針を入れて引き抜く。

体

ボニー2本どり10/0号

前中心↓

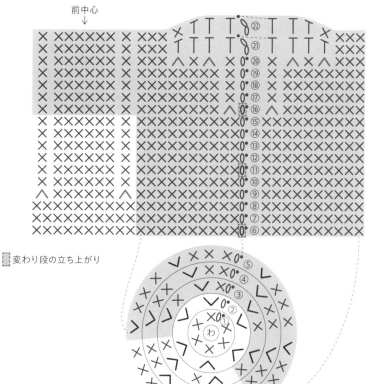

■ 変わり段の立ち上がり

■ 変わり段の立ち上がり

段数	目数	増減数
㉒	22目	増減なし
㉑		
⑳	22目	4目減
⑲		
⑱	26目	増減なし
⑰		
⑯	26目	2目減
⑮		
⑭		
⑬	28目	増減なし
⑫		
⑪		
⑩		
⑨	28目	2目減
⑧		
⑦	30目	増減なし
⑥		
⑤	30目	6目増
④	24目	6目増
③	18目	6目増
②	12目	6目増
①	わの作り目に細編み6目編み入れる	

頭・胸

ボニー2本どり10/0号

前中心↓　　　下　　　最終段6目に糸を通してしぼる

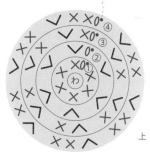

■ 変わり段の立ち上がり

上

■ 変わり段の立ち上がり

段数	目数	増減数
㉖	6目	6目減
㉕	12目	6目減
㉔	18目	6目減
㉓	24目	2目減
㉒		
㉑	26目	増減なし
⑳		
⑲	26目	2目増
⑱		
⑰		
⑯		
⑮	24目	増減なし
⑭		
⑬		
⑫	24目	2目減
⑪	26目	図参照
⑩	26目	2目増
⑨		
⑧		
⑦	24目	増減なし
⑥		
⑤		
④	24目	6目増
③	18目	6目増
②	12目	6目増
①	わの作り目に細編み6目編み入れる	

← 綿を入れる

前あし
ボニー2本どり9/0号

右 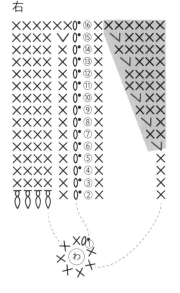 左

段数	目数	増減数
⑯	13目	増減なし
⑮	13目	2目増
⑭	11目	増減なし
⑬	11目	1目増
⑫	10目	増減なし
⑪		
⑩	10目	1目増
⑨	9目	増減なし
⑧	9目	1目増
⑦	8目	増減なし
⑥	8目	1目増
⑤	7目	増減なし
④		
③		
②		
①	わの作り目に細編み7目編み入れる	

芯にワイヤーを入れるP.44～参照

後ろあし（2枚）
ボニー2本どり9/0号

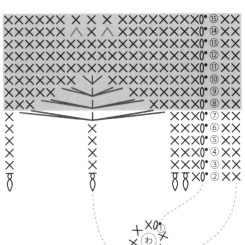

段数	目数	増減数
⑮	19目	増減なし
⑭	19目	2目減
⑬	21目	増減なし
⑫		
⑪		
⑩	21目	2目増
⑨	19目	4目増
⑧	15目	4目増
⑦	11目	4目増
⑥	7目	増減なし
⑤		
④		
③		
②		
①	わの作り目に細編み7目編み入れる	

しっぽ
ボニー2本どり10/0号

段数	目数	増減数
⑩	6目	増減なし
⑨		
⑧		
⑦		
⑥		
⑤		
④		
③		
②	6目	1目増
①	わの作り目に細編み5目編み入れる	

口
ボニー1本どり7/0号

上

ドッグノーズつけ位置

下

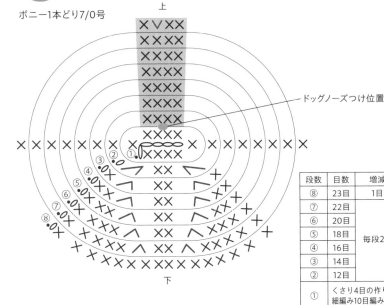

段数	目数	増減数
⑧	23目	1目増
⑦	22目	
⑥	20目	毎段2目増
⑤	18目	
④	16目	
③	14目	
②	12目	
①	くさり4目の作り目に細編み10目編み入れる	

外耳・内耳（各2枚）

外耳：ボニー1本どり7/0号
内耳：ピッコロ1本モヘア1本の2本どり4/0号

右　編み始め　　左　編み始め

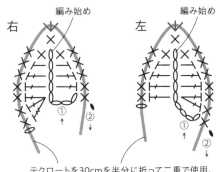

テクロートを30cmを半分に折って二重で使用。
さらに二つ折りにし耳の角に折山を合わせて、
1.5cmくらい出して編みくむ。
（内耳にテクロートは入れない）

●出来上がりサイズ
高さ35cm×長さ35cm しっぽ15cm

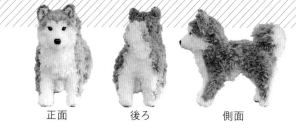

正面　　後ろ　　側面

〈植毛指示図〉

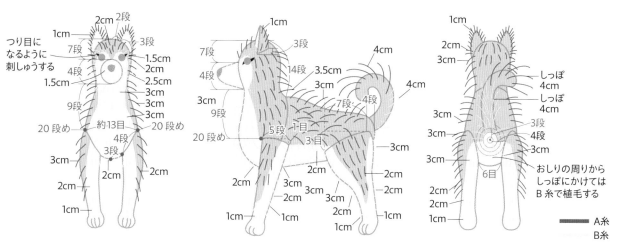

つり目になるように刺しゅうする

おしりの周りからしっぽにかけてはB糸で植毛する

▬▬ A糸
━━ B糸

〈使用糸と針〉

	部位	使用糸	糸色	色番号	引きそろえ	本数	針
土台	頭胸・体・前あし・後ろあし・しっぽ	ボニー	濃ベージュ	418	2本	2本	10/0号 9/0号
		ボニー	白	401	2本	2本	
	外耳	ボニー	濃ベージュ	418	1本	1本	7/0号
	口	ボニー	白	401	1本	1本	
	内耳	ピッコロ	濃ベージュ	38	1本	2本	4/0号
		モヘア	茶	92	1本		

〈植毛糸・刺しゅう糸〉

	部位	使用糸	糸色	色番号	引きそろえ	本数
A	▬▬▬	ピッコロ	濃ベージュ	38	4本	8本
		モヘア	茶	92	4本	
B		ピッコロ	白	1	4本	※8本
		モヘア	白	1	4本	
目・刺しゅう		ピッコロ	黒	20	1本	1本

※口周りなど細かい部分は8本を一重で植毛(P.46、P.75参照)

〈糸の使用量〉

使用糸	色番号	使用量
ボニー	418	210g
ボニー	401	160g
ピッコロ	38	90g
モヘア	92	90g
ピッコロ	1	50g
モヘア	1	50g

〈その他材料〉

種類	色・形	サイズ	量
差し目	黒	12mm	1組
ドッグノーズ	黒	23mm	1個
テクノロート		30cm	2本
アルミワイヤー	前あし・後ろあし・しっぽ	2mm（太さ）	約2m
綿			80g

編み図

体

ボニー2本どり10/0号

前中心
↓

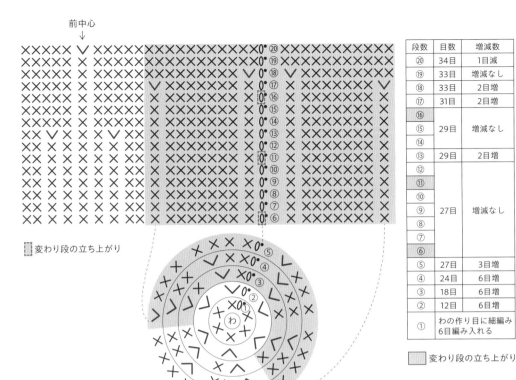

🔲 変わり段の立ち上がり

段数	目数	増減数
⑳	34目	1目減
⑲	33目	増減なし
⑱	33目	2目増
⑰	31目	2目増
⑯		
⑮	29目	増減なし
⑭		
⑬	29目	2目増
⑫		
⑪		
⑩	27目	増減なし
⑨		
⑧		
⑦		
⑥		
⑤	27目	3目増
④	24目	6目増
③	18目	6目増
②	12目	6目増
①	わの作り目に細編み6目編み入れる	

🔲 変わり段の立ち上がり

頭・胸

ボニー2本どり10/0号

前中心
↓

下　　最終段6目に糸を通してしぼる

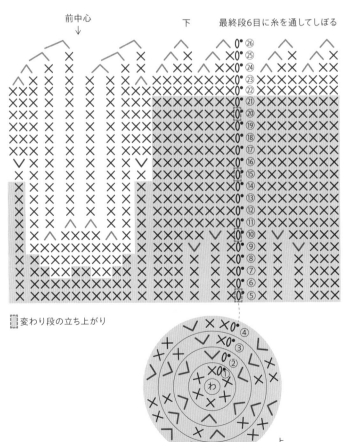

🔲 変わり段の立ち上がり

上

段数	目数	増減数	
㉖	6目	6目減	
㉕	12目	6目減	
㉔	18目	6目減	
㉓	24目	2目減	綿を入れる
㉒			
㉑			
⑳	26目	増減なし	
⑲			
⑱			
⑰			
⑯	26目	2目増	
⑮			
⑭	24目	増減なし	
⑬			
⑫			
⑪	24目	2目減	
⑩	26目	図参照	
⑨	26目	2目増	
⑧			
⑦	24目	増減なし	
⑥			
⑤			
④	24目	6目増	
③	18目	6目増	
②	12目	6目増	
①	わの作り目に細編み6目編み入れる		

🔲 変わり段の立ち上がり

右前あし

ボニー2本どり
9/0号

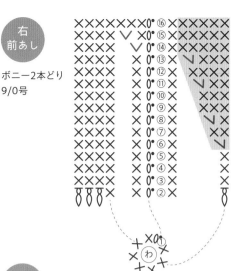

段数	目数	増減数
⑯	13目	増減なし
⑮	13目	毎段1目増
⑭	12目	
⑬	11目	
⑫	10目	増減なし
⑪	10目	1目増
⑩	9目	増減なし
⑨		
⑧	9目	1目増
⑦	8目	増減なし
⑥	8目	1目増
⑤	7目	増減なし
④		
③		
②		
①	わの作り目に細編み7目編み入れる	

左前あし

ボニー2本どり
9/0号

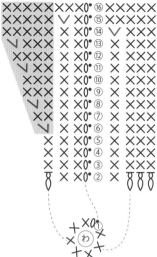

右後ろあし

ボニー2本どり
9/0号

※⑨段めのくさり2目の立ち上がりは目数にいれない。
　段の終わりの引き抜きは1目めの中長編みの
　頭に針を入れて引き抜く。

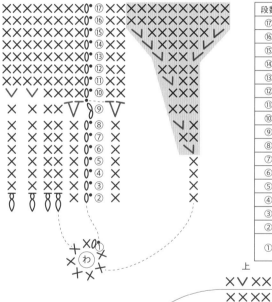

段数	目数	増減数
⑰	20目	増減なし
⑯		
⑮	20目	毎段2目増
⑭	18目	
⑬	16目	
⑫	14目	増減なし
⑪	14目	1目増
⑩	13目	2目増
⑨	11目	2目増
⑧	9目	1目増
⑦	8目	増減なし
⑥	8目	1目増
⑤	7目	増減なし
④		
③		
②		
①	わの作り目に細編み7目編み入れる	

左後ろあし

ボニー2本どり
9/0号

※⑨段めのくさり2目の立ち上がりは
　目数にいれない。
　段の終わりの引き抜きは1目めの
　中長編みの頭に針を入れて引き抜く。

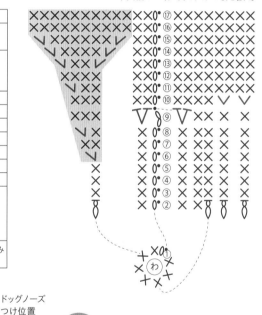

口

ボニー1本どり
7/0号

段数	目数	増減数
⑧	23目	1目増
⑦	22目	毎段2目増
⑥	20目	
⑤	18目	
④	16目	
③	14目	
②	12目	
①	くさり4目の作り目に細編み10目編み入れる	

上

ドッグノーズ
つけ位置

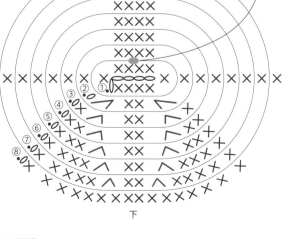

下

しっぽ

ボニー2本どり10/0号

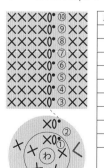

段数	目数	増減数
⑩	6目	増減なし
⑨		
⑧		
⑦		
⑥		
⑤		
④		
③		
②	6目	1目増
①	わの作り目に細編み5目編み入れる	

※外耳・内耳　黒柴と同じ（P.50参照）。

5 ｜ ごま柴 ➡ P.8

●出来上がりサイズ
高さ28cm×長さ40cm しっぽ15cm

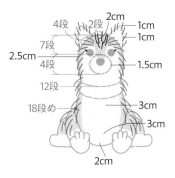
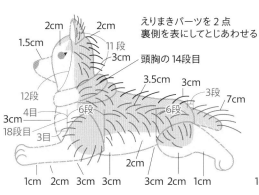
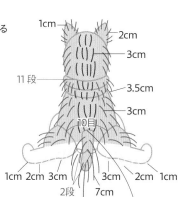

正面　　　後ろ　　　側面

〈植毛指示図〉

えりまきパーツを2点
裏側を表にしてとじあわせる

頭胸の14段目

中心から3段
あがったところに
しっぽをつける

▬▬▬ A糸
▬▬▬ B糸
‒‒‒‒ C糸

〈使用糸と針〉

	部位	使用糸	糸色	色番号	引きそろえ	本数	針
土台	頭胸・体・前あし・後ろあし・しっぽ	ボニー	濃ベージュ	418	2本	2本	10/0号 9/0号
		ボニー	白	401	2本	2本	
	外耳	ボニー	濃ベージュ	418	1本	1本	7/0号
	口	ボニー	濃ベージュ	418	1本	1本	
		ボニー	白	401	1本	1本	
	内耳	ピッコロ	濃ベージュ	38	1本	2本	4/0号
		モヘア	茶	92	1本		

〈植毛糸・刺繍糸〉

	部位	使用糸	糸色	色番号	引きそろえ	本数
A	▬▬▬	ピッコロ	濃ベージュ	38	2本	8本
		ピッコロ	濃茶	54	2本	
		モヘア	茶	92	4本	
B	▬▬▬	ピッコロ	濃ベージュ	38	2本	8本
		ピッコロ	濃茶	54	2本	
		モヘア	茶	92	2本	
		モヘア	黒	25	2本	
C	‒‒‒‒	ピッコロ	白	1	4本	※8本
		モヘア	白	1	4本	
目・刺しゅう		ピッコロ	黒	20	1本	1本

※口周りなど細かい部分は8本を
一重で植毛(P.46、P.75参照)

〈糸の使用量〉

使用糸	色番号	使用量
ボニー	418	200g
ボニー	401	160g
ピッコロ	38	50g
ピッコロ	1	60g
ピッコロ	20	60cm

使用糸	色番号	使用量
ピッコロ	54	50g
モヘア	25	25g
モヘア	92	90g
モヘア	1	60g

〈その他材料〉

種類	色・形	サイズ	量
差し目	黒	12mm	1組
ドッグノーズ	黒	23mm	1個
テクノロート		30cm	2本
綿			80g

編み図

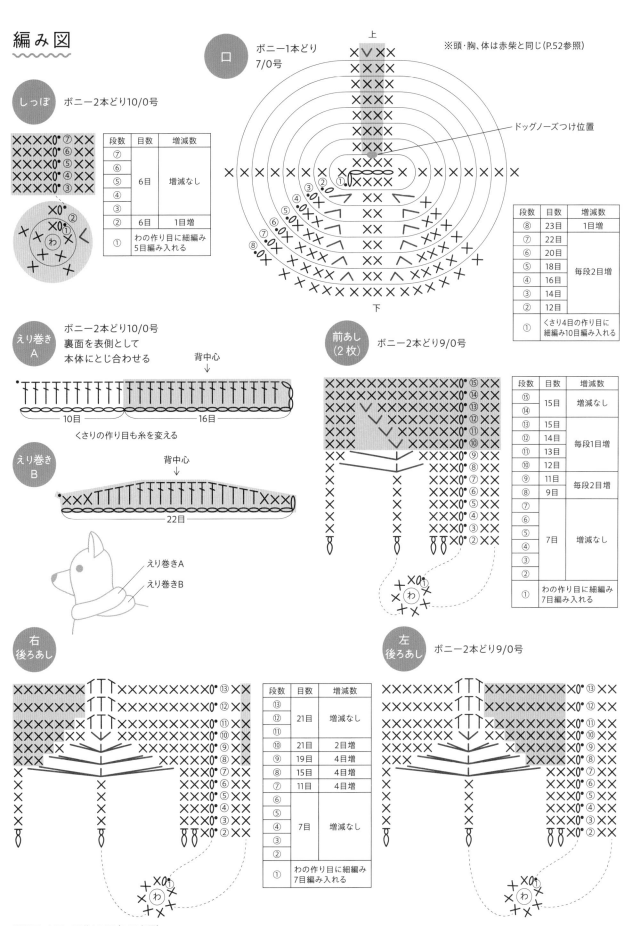

しっぽ ボニー2本どり10/0号

段数	目数	増減数
⑦		
⑥		
⑤	6目	増減なし
④		
③		
②	6目	1目増
①	わの作り目に細編み5目編み入れる	

口 ボニー1本どり 7/0号

※頭・胸、体は赤柴と同じ（P.52参照）

ドッグノーズつけ位置

上

下

段数	目数	増減数
⑧	23目	1目増
⑦	22目	
⑥	20目	
⑤	18目	毎段2目増
④	16目	
③	14目	
②	12目	
①	くさり4目の作り目に細編み10目編み入れる	

えり巻きA ボニー2本どり10/0号
裏面を表側として
本体にとじ合わせる

背中心

10目　　16目

くさりの作り目も糸を変える

えり巻きB

背中心

22目

えり巻きA
えり巻きB

前あし（2枚） ボニー2本どり9/0号

段数	目数	増減数
⑮	15目	増減なし
⑭		
⑬	15目	
⑫	14目	毎段1目増
⑪	13目	
⑩	12目	
⑨	11目	毎段2目増
⑧	9目	
⑦		
⑥		
⑤		
④	7目	増減なし
③		
②		
①	わの作り目に細編み7目編み入れる	

右 後ろあし

段数	目数	増減数
⑬		
⑫	21目	増減なし
⑪		
⑩	21目	2目増
⑨	19目	4目増
⑧	15目	4目増
⑦	11目	4目増
⑥		
⑤		
④	7目	増減なし
③		
②		
①	わの作り目に細編み7目編み入れる	

左 後ろあし ボニー2本どり9/0号

わ

※外耳・内耳　黒柴と同じ（P.50参照）

6 秋田犬 ➡P.22

●出来上がりサイズ
高さ40cm×長さ40cm しっぽ15cm

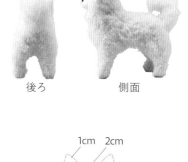

正面　　　後ろ　　　側面

〈植毛指示図〉

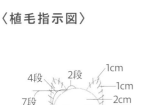

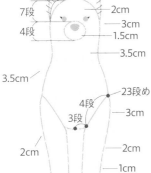

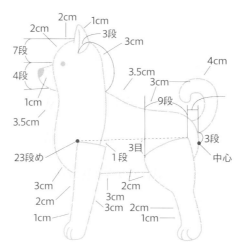

A糸
B糸

〈使用糸と針〉

	部位	使用糸	糸色	色番号	引きそろえ	本数	針
土台	頭胸・体・前あし・後ろあし・しっぽ	ボニー	生成り	442	2本	2本	10/0号 9/0号
	外耳・口	ボニー	生成り	442	1本	1本	7/0号
	内耳	モヘア	クリーム	15	2本	2本	4/0号

〈植毛糸・刺繍糸〉

	部位	使用糸	糸色	色番号	引きそろえ	本数
A		ピッコロ	生成り	2	4本	8本
		モヘア	オフホワイト	61	4本	
B		モヘア	クリーム	15	4本	8本
目・刺しゅう		ピッコロ	黒	20	1本	1本

※口周りなど細かい部分は8本を一重で植毛(P.46、P.75参照)

〈糸の使用量〉

使用糸	色番号	使用量
ボニー	442	380g
ピッコロ	2	190g
モヘア	61	170g
モヘア	15	15g
ピッコロ	20	60cm

〈その他材料〉

種類	色・形	サイズ	量
差し目	黒	10mm	1組
ドッグノーズ	黒	23mm	1個
テクノロート		30cm	2本
アルミワイヤー	前あし・後ろあし・しっぽ	2mm（太さ）	2.2m
綿			90g

編み図

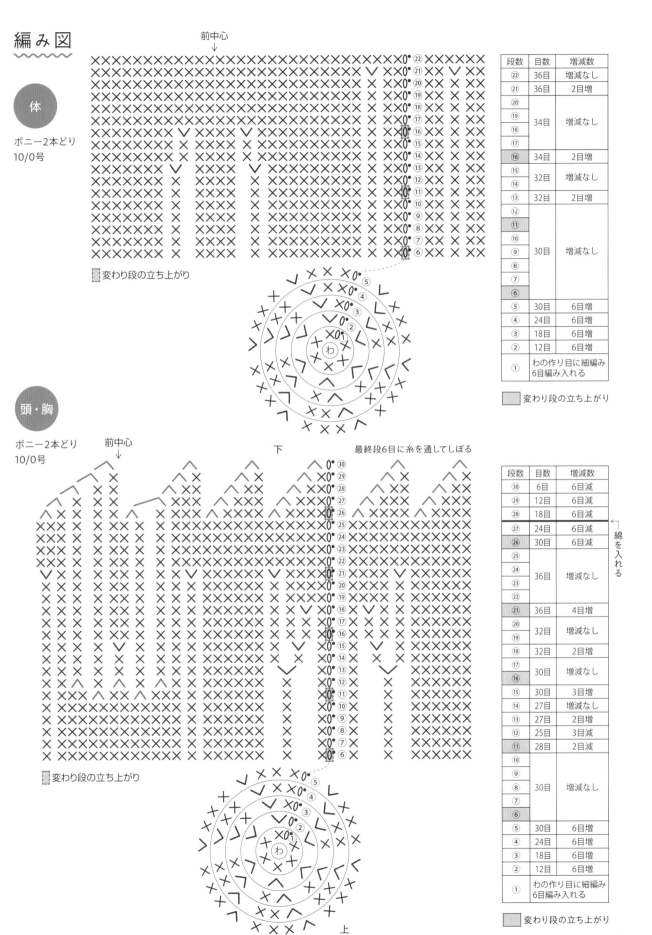

体

ボニー2本どり
10/0号

前中心
↓

📋 変わり段の立ち上がり

段数	目数	増減数
㉒	36目	増減なし
㉑	36目	2目増
⑳		
⑲	34目	増減なし
⑱		
⑰		
⑯	34目	2目増
⑮	32目	増減なし
⑭		
⑬	32目	2目増
⑫		
⑪		
⑩		
⑨	30目	増減なし
⑧		
⑦		
⑥		
⑤	30目	6目増
④	24目	6目増
③	18目	6目増
②	12目	6目増
①	わの作り目に細編み 6目編み入れる	

📋 変わり段の立ち上がり

頭・胸

ボニー2本どり
10/0号

前中心
↓

下

最終段6目に糸を通してしぼる

📋 変わり段の立ち上がり

上

段数	目数	増減数	
㉚	6目	6目減	
㉙	12目	6目減	
㉘	18目	6目減	
㉗	24目	6目減	綿を入れる
㉖	30目	6目減	
㉕			
㉔	36目	増減なし	
㉓			
㉒			
㉑	36目	4目増	
⑳	32目	増減なし	
⑲			
⑱	32目	2目増	
⑰	30目	増減なし	
⑯			
⑮	30目	3目増	
⑭	27目	増減なし	
⑬	27目	2目増	
⑫	25目	3目減	
⑪	28目	2目減	
⑩			
⑨			
⑧	30目	増減なし	
⑦			
⑥			
⑤	30目	6目増	
④	24目	6目増	
③	18目	6目増	
②	12目	6目増	
①	わの作り目に細編み 6目編み入れる		

📋 変わり段の立ち上がり

口

ボニー1本どり7/0号

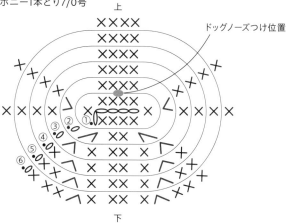

上

ドッグノーズつけ位置

下

段数	目数	増減数
⑥	22目	毎段2目増
⑤	20目	
④	18目	
③	16目	
②	14目	4目増
①	くさり4目の作り目に細編み10目編み入れる	

前あし（2枚）

ボニー2本どり9/0号

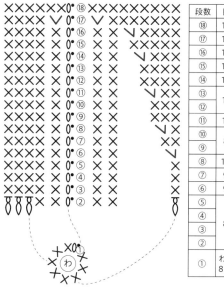

わ

段数	目数	増減数
⑱	15目	増減なし
⑰	15目	2目増
⑯	13目	1目増
⑮	12目	増減なし
⑭	12目	1目増
⑬	11目	増減なし
⑫		
⑪	11目	1目増
⑩	8目	増減なし
⑨		
⑧	10目	1目増
⑦	9目	増減なし
⑥	9目	1目増
⑤	8目	増減なし
④		
③		
②		
①	わの作り目に細編み8目編み入れる	

外耳：ボニー1本どり7/0号
内耳：モヘア2本どり4/0号

右耳　　　**左耳**

後ろあし（2枚）

ボニー2本どり9/0号

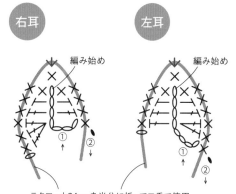

編み始め　　編み始め

①　②
↑　↓

テクロート24cmを半分に折って二重で使用。
さらに二つ折りにし耳の角に折山を合わせて、
1.5cmくらい出し編るくむ。
（内耳にテクノロートは入れない）

※しっぽは黒柴と同じ（P.50参照）

※⑧段めのくさり2目の立ち上がりは目数にいれない。
　段の終わりの引き抜きは1目めの中長編みの
　頭に針を入れて引き抜く。

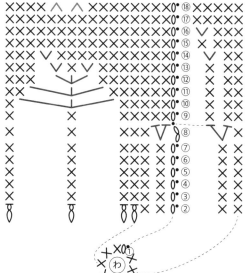

わ

段数	目数	増減数
⑱	19目	2目減
⑰	21目	増減なし
⑯	21目	1目増
⑮	20目	増減なし
⑭	20目	毎段2目増
⑬	18目	
⑫	16目	
⑪	14目	
⑩	12目	
⑨	10目	増減なし
⑧	10目	2目増
⑦		
⑥		
⑤	8目	増減なし
④		
③		
②		
①	わの作り目に細編み8目編み入れる	

●出来上がりサイズ
高さ22cm×長さ32cm しっぽ13cm

正面　　　　後ろ　　　　側面

〈植毛指示図〉

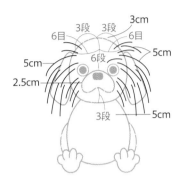
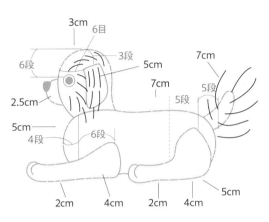
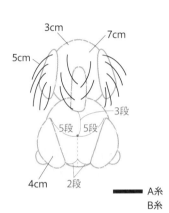

━━━ A糸
B糸

〈使用糸と針〉

	部位	使用糸	糸色	色番号	引きそろえ	本数	針
土台	頭・体・しっぽ	ボニー	白	401	2本	2本	10/0号
	頭	ボニー	黒	402	2本	2本	10/0号
	前あし・後ろあし	ボニー	白	401	1本	2本	7.5/0号
		ピッコロ	白	1	1本		
	口	ボニー	白	401	1本	1本	7/0号
	耳	ボニー	黒	402	1本	1本	7/0号

〈植毛糸・刺しゅう糸〉

	部位	使用糸	糸色	色番号	引きそろえ	本数
A	━━━	ピッコロ	黒	20	4本	8本
		モヘア	黒	25	4本	
B		ピッコロ	白	1	4本	※8本
		モヘア	白	1	4本	

※口周りなど細かい部分は8本を一重で植毛（P.46、P.75参照）

〈糸の使用量〉

使用糸	色番号	使用量
ボニー	401	220g
ボニー	402	40g
ピッコロ	1	180g
モヘア	1	90g
ピッコロ	20	25g
モヘア	25	25g

〈その他材料〉

種類	色・形	サイズ	量
クリスタルアイ	ブラウン	18mm	1組
ドッグノーズ	黒	18mm	1個
綿			60g

編み図

体

ボニー2本どり10/0号

前中心
最終段6目に糸を通してしぼる

図省略

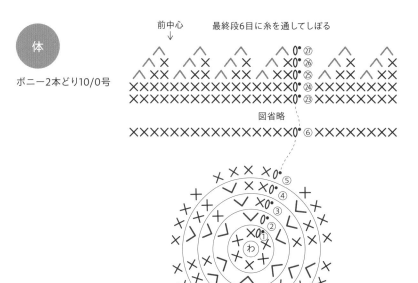

段数	目数	増減数
㉗	6目	6目増
㉖	12目	6目減
㉕	18目	6目減
㉔ 〜 ⑤	24目	増減なし
④	24目	6目増
③	18目	6目増
②	12目	6目増
①	わの作り目に細編み 6目編み入れる	

綿を入れる

頭

ボニー2本どり10/0号

前中心

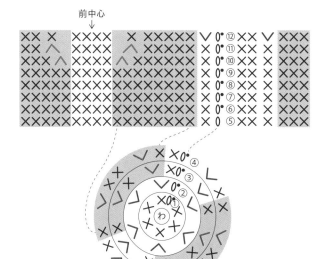

段数	目数	増減数
⑫	22目	2目増
⑪	20目	毎段2目減
⑩	22目	
⑨ ⑧ ⑦ ⑥ ⑤	24目	増減なし
④	24目	6目増
③	18目	6目増
②	12目	6目増
①	わの作り目に細編み 6目編み入れる	

前あし
（2枚）

ボニー1本、ピッコロ1本の2本どり7.5/0号

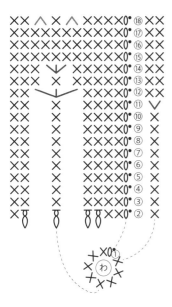

段数	目数	増減数
⑱	11目	2目減
⑰		
⑯	13目	増減なし
⑮		
⑭	13目	2目増
⑬	11目	増減なし
⑫	11目	2目増
⑪	9目	1目増
⑩		
⑨		
⑧		
⑦		
⑥	8目	増減なし
⑤		
④		
③		
②		
①	わの作り目に細編み 8目編み入れる	

 後ろあし
（2枚）

ボニー1本、ピッコロ1本の2本どり7.5/0号

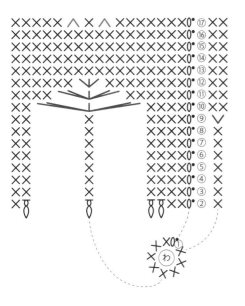

段数	目数	増減数
⑰	17目	2目減
⑯		
⑮	19目	増減なし
⑭		
⑬		
⑫	19目	2目増
⑪	17目	4目増
⑩	13目	4目増
⑨	9目	1目増
⑧		
⑦		
⑥		
⑤	8目	増減なし
④		
③		
②		
①	わの作り目に細編み 8目編み入れる	

 耳
（2枚）

ボニー1本どり7/0号

下

前

上

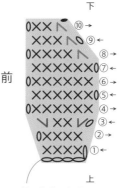

編み始めの糸は
とじ合わせ用に30cm残す

段数	目数	増減数
⑩	3目	1目減
⑨	4目	1目減
⑧	5目	1目減
⑦		
⑥	6目	増減なし
⑤		
④		
③	6目	2目増
②	4目	増減なし
①	くさり4目の作り目に 細編み4目編み入れる	

反対の耳は裏返して使う

口

ボニー1本どり7/0号

ドッグノーズ
つけ位置

上

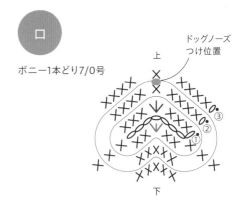

下

段数	目数	増減数
③	16目	増減なし
②	16目	
①	くさり7目の作り目に 細編み16目編み入れる	

※しっぽはごま柴と同じ（P.55参照）

61

3 │ 赤柴（子犬） ➡ P.6

●出来上がりサイズ
高さ22cm×長さ18cm しっぽ9cm

正面　　　後ろ　　　側面

〈植毛指示図〉

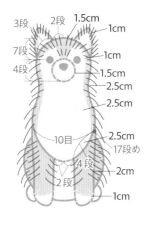

3段　2段　1.5cm
　　　　　1cm
7段　　　1cm
4段　　　1.5cm
　　　　　2.5cm
　　　　　2.5cm
10目　　2.5cm
　　　　　17段め
4段
2段　　　2cm
　　　　　1cm

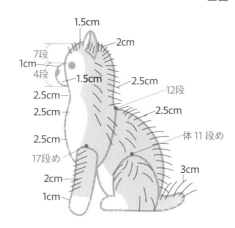

1.5cm
　　　2cm
1cm
7段
4段
1.5cm　2.5cm
2.5cm　　12段
2.5cm
2.5cm　2.5cm
　　　　体11段め
2.5cm
17段め
2cm　　3cm
1cm

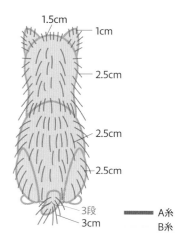

1.5cm
　　1cm
　　2.5cm
　　2.5cm
　　2.5cm
3段
3cm

▬▬▬ A糸
B糸

〈使用糸と針〉

	部位	使用糸	糸色	色番号	引きそろえ	本数	針
土台	頭胸・体・しっぽ	ピッコロ	濃ベージュ	38	2本	4本	7/0号
		モヘア	茶	92	2本		
		ピッコロ	白	1	2本	4本	7/0号
		モヘア	白	1	2本		
	前あし・後ろあし・外耳	ピッコロ	濃ベージュ	38	1本	2本	4/0号
		モヘア	茶	92	1本		
		ピッコロ	白	1	1本	2本	
		モヘア	白	1	1本		

〈植毛糸・刺しゅう糸〉

	部位	使用糸	糸色	色番号	引きそろえ	本数
	A ▬▬▬	ピッコロ	濃ベージュ	38	4本	8本
		モヘア	茶	92	4本	
	B	ピッコロ	白	1	4本	※8本
		モヘア	白	1	4本	

※口周りなど細かい部分は8本を一重で植毛（P.46、P.75参照）

〈糸の使用量〉

使用糸	色番号	使用量
ピッコロ	38	90g
モヘア	92	90g
ピッコロ	1	40g
モヘア	1	40g

〈その他材料〉

種類	色・形	サイズ	量
山高ボタン	黒	13.5mm	1組
ドッグノーズ	黒	18mm	1個
テクノロート		24cm	2本
綿			40g

※山高ボタンは手縫い糸でつける

4 | 黒柴（子犬） ➡ P.6

●出来上がりサイズ
高さ22cm×長さ18cm しっぽ9cm

正面

後ろ　　側面

〈植毛指示図〉

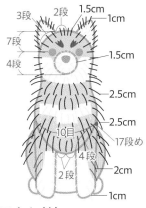

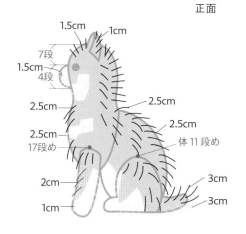

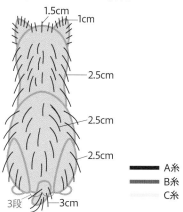

━━━ A糸
━━━ B糸
━━━ C糸

〈使用糸と針〉

	部位	使用糸	糸色	色番号	引きそろえ	本数	針
土台	頭胸・体・しっぽ	ピッコロ	黒	20	2本	4本	7/0号
		モヘア	黒	25	2本		
		ピッコロ	白	1	2本	4本	7/0号
		モヘア	白	1	2本		
	前あし・後ろあし・外耳	ピッコロ	黒	20	1本	2本	4/0号
		モヘア	黒	25	1本		
		ピッコロ	濃ベージュ	38	1本	2本	4/0号
		モヘア	茶	92	1本		
		ピッコロ	白	1	1本	2本	4/0号
		モヘア	白	1	1本		

〈植毛糸・刺しゅう糸〉

	部位	使用糸	糸色	色番号	引きそろえ	本数
A	━━━	ピッコロ	黒	20	4本	8本
		モヘア	黒	25	4本	
B	━━━	ピッコロ	濃ベージュ	38	4本	8本
		モヘア	茶	92	4本	
C	━━━	ピッコロ	白	1	4本	※8本
		モヘア	白	1	4本	
タン・刺しゅう		モヘア	茶	92	1本	1本

※口周りなど細かい部分は8本を一重で植毛
（P.46、P.75参照）

〈糸の使用量〉

使用糸	色番号	使用量
ピッコロ	20	90g
モヘア	25	90g
ピッコロ	38	20g
モヘア	92	20g
ピッコロ	1	30g
モヘア	1	30g

〈その他材料〉

種類	色・形	サイズ	量
山高ボタン	黒	13.5mm	1組
ドッグノーズ	黒	18mm	1個
テクノロート		24cm	2本
綿			40g

※山高ボタンは手縫い糸で付ける

63

編み図

子犬赤柴・黒柴

体 ピッコロ2本、モヘア2本の 4本どり7/0号

前中心

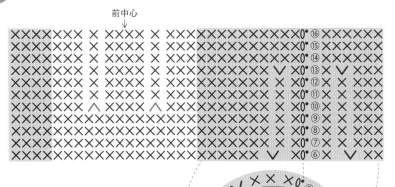

段数	目数	増減数	赤柴	黒柴
⑯				
⑮	32目	増減なし		
⑭				
⑬	32目	2目増		
⑫	30目	増減なし		
⑪				
⑩	30目	2目減	白/茶	白/黒
⑨				
⑧	32目	増減なし		
⑦				
⑥	32目	2目増		
⑤	30目	6目増		
④	24目	6目増		
③	18目	6目増		
②	12目	6目増		
①	わの作り目に細編み6目編み入れる		白	白

子犬赤柴・黒柴

口 ピッコロ1本、モヘア1本の 2本どり4/0号

上

ドッグノーズつけ位置

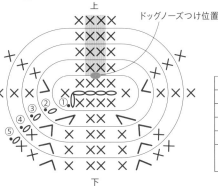

下

段数	目数	増減数	赤柴	黒柴
⑤	20目			
④	18目	毎段2目増	白/茶	白/黒
③	16目			
②	14目	4目増		
①	くさり4目の作り目に 細編み10目編み入れる		白	白

子犬赤柴・黒柴

ピッコロ1本、モヘア1本の2本どり4/0号
内耳はなし

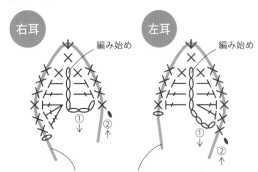

右耳 編み始め

左耳 編み始め

テクロート24cmを半分に折って二重で使用
さらに二つ折りにし耳の角に折山を合わせて、
1.5cmくらい出して編むくむ。子犬は内耳を
編まないため、外耳の一周り内側に植毛する

子犬赤柴・黒柴

しっぽ ピッコロ1本、モヘア1本の 2本どり4/0号

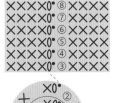

段数	目数	増減数	赤柴	黒柴
⑧				
⑦				
⑥	8目	増減なし		
⑤			茶	黒
④				
③				
②	8目	1目増		
①	わの作り目に細編み 7目編み入れる			

頭・胸

ピッコロ2本、モヘア2本の
4本どり7/0号

前中心
↓　　　　　下　　　　最終段6目に糸を通してしぼる

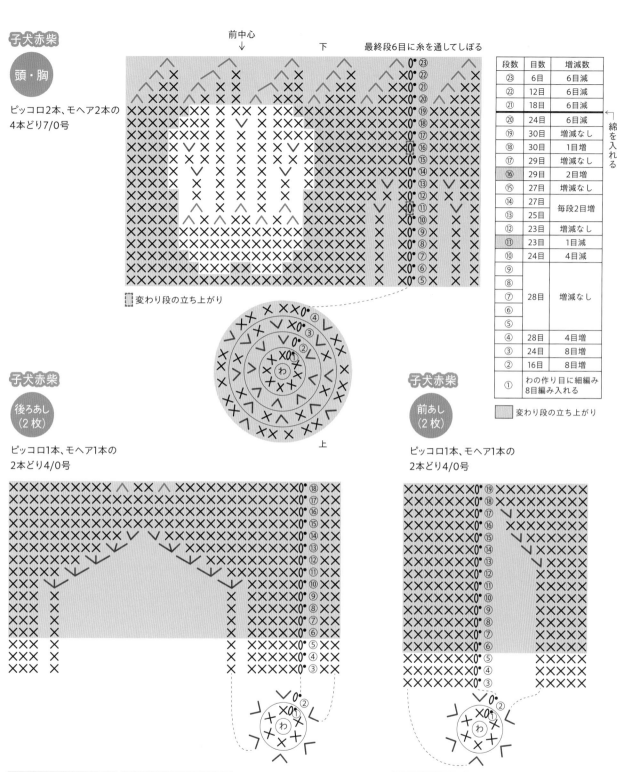

変わり段の立ち上がり

上

綿を入れる

段数	目数	増減数
㉓	6目	6目減
㉒	12目	6目減
㉑	18目	6目減
⑳	24目	6目減
⑲	30目	増減なし
⑱	30目	1目増
⑰	29目	増減なし
⑯	29目	2目増
⑮	27目	増減なし
⑭	27目	毎段2目増
⑬	25目	
⑫	23目	増減なし
⑪	23目	1目減
⑩	24目	4目減
⑨		
⑧	28目	増減なし
⑦		
⑥		
⑤		
④	28目	4目増
③	24目	8目増
②	16目	8目増
①	わの作り目に細編み8目編み入れる	

　　変わり段の立ち上がり

子犬赤柴

後ろあし（2枚）

ピッコロ1本、モヘア1本の
2本どり4/0号

子犬赤柴

前あし（2枚）

ピッコロ1本、モヘア1本の
2本どり4/0号

段数	目数	増減数
⑱	28目	2目減
⑰	30目	増減なし
⑯		
⑮		
⑭	30目	2目増
⑬	28目	
⑫	24目	毎段4目増
⑪	20目	
⑩	16目	

段数	目数	増減数
⑨		
⑧		
⑦	12目	増減なし
⑥		
⑤		
④		
③		
②	12目	6目増
①	わの作り目に細編み6目編み入れる	

段数	目数	増減数
⑲	16目	増減なし
⑱		
⑰	16目	1目増
⑯	15目	増減なし
⑮	15目	
⑭	14目	毎段1目増
⑬	13目	
⑫		
⑪	12目	増減なし
⑩		

段数	目数	増減数
⑨		
⑧		
⑦	12目	増減なし
⑥		
⑤		
④		
③		
②	12目	6目増
①	わの作り目に細編み6目編み入れる	

子犬黒柴

頭・胸

ピッコロ2本、モヘア2本の
4本どり7/0号

子犬黒柴

ピッコロ1本、モヘア1本の
2本どり4/0号

右 後ろあし

左 後ろあし

前中心 ↓　　下　　最終段6目に糸を通してしぼる

変わり段の立ち上がり

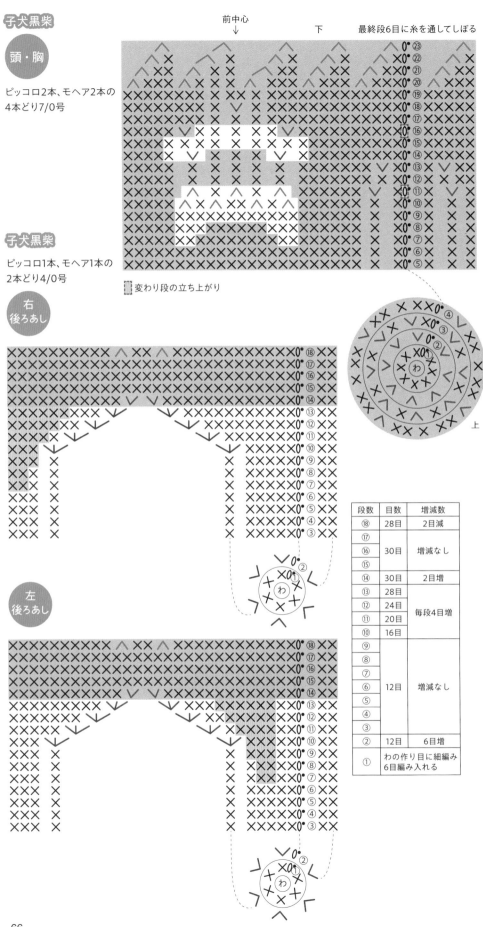

上

変わり段の立ち上がり

段数	目数	増減数
㉓	6目	6目減
㉒	12目	6目減
㉑	18目	6目減
⑳	24目	6目減
⑲	30目	増減なし
⑱	30目	1目増
⑰	29目	増減なし
⑯	29目	2目増
⑮	27目	増減なし
⑭	27目	毎段2目増
⑬	25目	
⑫	23目	増減なし
⑪	23目	1目減
⑩	24目	4目減
⑨		
⑧		
⑦	28目	増減なし
⑥		
⑤		
④	28目	4目増
③	24目	8目増
②	16目	8目増
①	わの作り目に細編み8目編み入れる	

綿を入れる

段数	目数	増減数
⑱	28目	2目減
⑰		
⑯	30目	増減なし
⑮		
⑭	30目	2目増
⑬	28目	
⑫	24目	毎段4目増
⑪	20目	
⑩	16目	
⑨		
⑧		
⑦		
⑥	12目	増減なし
⑤		
④		
③		
②	12目	6目増
①	わの作り目に細編み6目編み入れる	

子犬黒柴

ピッコロ1本、モヘア1本の2本どり4/0号

右 前あし

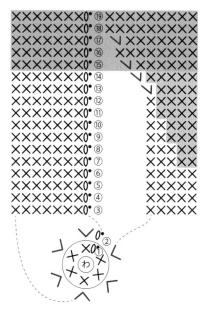

段数	目数	増減数
⑲	16目	増減なし
⑱		
⑰	16目	1目増
⑯	15目	増減なし
⑮	15目	
⑭	14目	毎段1目増
⑬	13目	
⑫	12目	増減なし
⑪		
⑩		
⑨		
⑧		
⑦		
⑥		
⑤		
④		
③		
②	12目	6目増
①	わの作り目に細編み6目編み入れる	

左 前あし

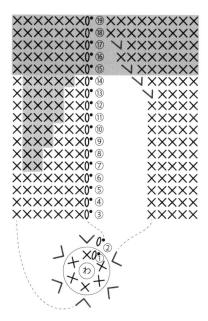

ブローチの
作り方

ブローチの作り方の、
共通した手順はP.37をご覧ください。
次ページからは写真とともに
A 赤柴(P.80)のプロセスを
詳しく紹介しています。

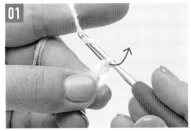

01 P.38〜を参照してわの作り目を作り、針に糸をかけ、引き抜く（くさり編み）。

02 1段目の立ち上がりのくさり1目が完成。

03 わの中に針を入れる。

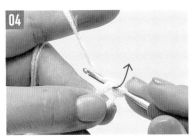

04 針に糸をかけ、矢印のように引き出す。

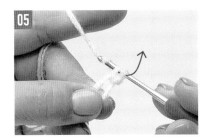

05 さらに糸をかけ、矢印のように2ループを一緒に引き抜く。

06 1目めの細編みが完成。

07 2段目の編み始めの印に、1段目の細編みの頭に、段数マーカーをつける。

08 03〜07をあと5回繰り返し、細編みを6目編み入れる。

09 1段目の細編み6目が編めたところ。

10 針をいったん外し、編んだところを押さえながら糸端を引き絞る。わが引き締まり円形になる。

11 針を戻し、段数マーカーをつけた1目めの細編みの頭2本に針を入れ、段数マーカーを外す。

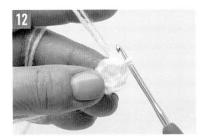

12 針に糸をかけ、2ループを一緒に引き抜く（引き抜き編み）。1段目の完成。

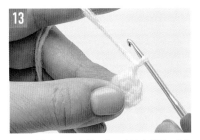

13 2段目を編む。くさり編みを1目編む（2段目の立ち上がり）。

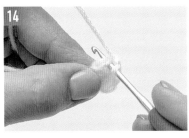

14 立ち上がりのくさり編みの根元に針を入れる。

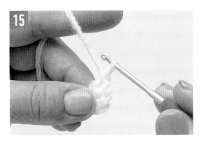

15 細編みを1目編む。

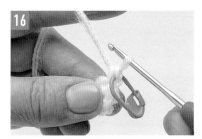

16 1目めの細編みの頭に段数マーカーをつける。

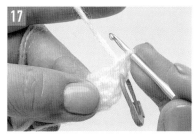

17 1目めと同じ位置に針を入れ、細編みをもう1目編む（細編み2目編み入れる）。

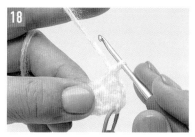

18 編み図のとおりに5目まで編む。

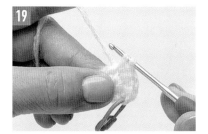

19 6目めは、引き抜く手前でとめる（未完成の細編み）。

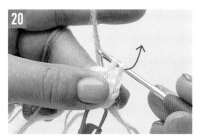

20 色変えする糸を持ち、針に糸をかけて2ループを引き抜く。

21 6目めの細編みが完成し、この目が7目めの細編みの頭の目となる。

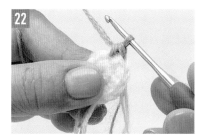

22 前段の次の目に細編み1目を編み入れる。

23 前段の同じ目にもう1目編み（細編み2目編み入れる）、未完成の細編みにする。

24 裏側で休ませておいた方の糸（白い糸）の持ちかえる。

25 残りの4目を編む。

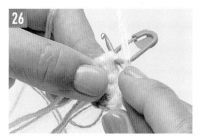

26 1目めの細編みの頭に針を入れ、2ループを一度に引き抜く。

27 2段目の完成。3段目以降、編み図のとおりに編む。糸は裏側で渡す。このとき糸がつらないように注意。

〈編み終わりの糸始末（チェーンつなぎ）〉

01

土台の最後の1目めまで編んだら、15cmほど糸を残してカットして引き抜く。
※顔裏はとじ合わせ用に糸を30cmほど残す。

02

とじ針に糸を通す。

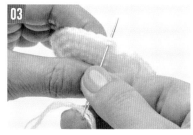

03

1目めの細編みの頭に通す。

04

くさり半分の長さになるように糸を引く。

05

最後の目の細編みの頭（糸が出ているところ）に針を入れる。

06

くさりの頭と同じ目の大きさになるように糸を引き、糸端は裏側の目を1目すくい、からげる。同様の編み方で土台の顔裏も編む。

〈土台をとじ合わせる〜とじ終わりの糸始末〉

01

顔表の裏面に、ピンポン玉大の手芸綿を置き、顔裏を重ねる。

02

顔裏のとじ糸で外側の半目を拾いながらとじ合わせる（顔裏側から見たところ）。

03

ぐるっと1周とじ合わせる。

04

とじ終わったところ。

05

とじ終わりから針を入れ、編み地の中を通して編み目の間に針を出して引き抜く。

06

編み地の上で針に2〜3回糸を巻きつけ、玉どめをする。

07

玉ができたところ。

08

糸の出ている根元に針を戻し、針先を2〜3cm先に出し、糸を引いて玉を編み地の中に引き入れて糸を切る。

09

土台の完成。

〈くさりの作り目～1段目を編む（楕円の土台・口の作り目）〉

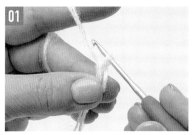

01 わの作り目（P.38参照）を編む。針に糸をかけ、引き抜く。

02 前の短い糸を引き絞る。

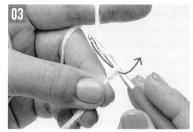

03 ここから1目めのスタート。針に糸をかけ、引き抜く。

04 くさり1目が完成。

05 続けてくさり編みを3目編み、くさり4目の作り目が完成。

06 立ち上がりのくさり1目を編む。

07 くさり4目めに針を入れ、細編みを1目編む。

08 1目めの細編みの完成。

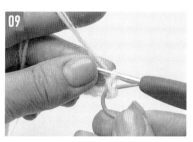

09 2段目の立ち上がりの目印として1目めの細編みの頭に、段数マーカーをつける。

10 くさりの作り目を1目ずつ拾いながら、細編みを4目編む。

11 4目めに細編みをもう1目編む。

12 編み地をまわし、同じところにもう1目細編みを編む（端の目に細編み3目が編めたところ）。

13 くさりの作り目を拾いながら、もう3目細編みを編む。最後の端の目にもう1目細編みを編む。

14 段数マーカーをつけた、細編みの頭2本に針を入れ、引き抜き編みをする。

15 くさりの作り目、1段目の完成。楕円型の編み地となる。以降編み図のとおりに編む。

〈耳(右耳)を編む〉

くさり4目の作り目と立ち上がりのくさり3目を編む。

針に糸をかけ、作り目の3目めに針を入れる。

針に糸をかけ、1目引き抜いたところ。

もう一度糸をかけ、2ループ引き出す。

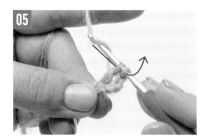

もう1度糸をかけ、残りの2ループを引き抜く。

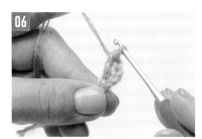

長編みの完成。

糸をかけ、次のくさりの作り目に針を入れる。

1目引き出す。

糸をかけ、3ループを一度に引き抜く。

中長編みの完成。

次の端の目に細編み2目を編み入れる。

編み地を回して、同じ目にもう1目細編みを編み入れ、次の目に中長編み、その次の目に長編み1目を編み入れる。

最後の目に長編み2目を編み入れる。

針に糸を2回かけ、くさりの作り目の同じ目に針を入れる。

針に4ループかかる。針に糸をかけ、2ループ引き出す。

16 もう1度糸をかけ、2ループ引き出す。

17 もう1度糸をかけ、残りの2ループを引き抜く。

18 長々編みの完成。右耳1段目が編めたところ。

19 12cmにカットしたテクノロートをくさりと糸の間にあてる。

20 くさり1目を編み、編みくるむ。

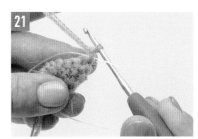

21 編み地を裏返し、2段目の細編みでも編みくるみながら、編み図のとおりに編む。

22 最後はとじ合わせ用の糸30cmを残して糸を切り、引き抜く。

23 右耳(外耳)の完成。

24 内耳はモヘア1本取り、2/0号針で 同様に編む(テクノロートは入れない)。

25 内耳と外耳を重ねて、内耳のくさりの外側を拾いながらとじ合わせる。

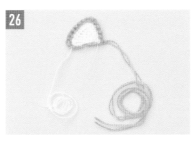

26 右耳の完成。※左耳は編み図が異なるため、各作品の編み図を参照。

〈顔を組み立てる〉

01 口(マズル)はくさりの作り目で編む。

02 01を土台(顔表側)に、待ち針でとめる(位置は組み立て図P.81参照)。

03 口のとじ糸に針を通し、土台を1目すくう。

口の細編みの足（縦に渡る糸）をすくう。**03**、**04**を繰り返し、口を土台にとじ合わせる。

テクノロートを土台の耳付け位置に差し込む（テクノロートが長い場合1cm程度にカット）。

外耳のとじ糸でぐるりと1周とじ合わせる。

内耳と重なる部分もとじ合わせる。

内耳のとじ糸でも顔表にとじ合わせる。

もう片方の耳もとじ合わせ、差し目、ドッグノーズを差し込む（手芸用ボンドで固定するのは最後）。

〈植毛のカット〜整える〉

●入　●出

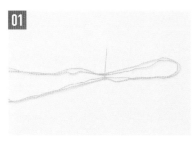

とじ針に植毛用の糸（ピッコロ1本、モヘア1本）を引き揃えて二重にし、さらに二重にして使用（植毛糸の作り方はP.75参照）。

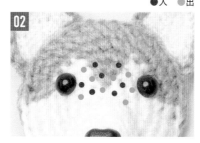

植毛の間隔は1段ごと1目（約5mm）を目安に。口周りなど細かいところは4本どりの植毛糸を一重にして使用。段にこだわらず隙間を埋めるように植毛する。

植毛の指示に合わせて、顔の周りから植毛する。

糸の長さは、仕上げの長さの5mm程度長く植える。

1目すくって糸を切り、根元をフェルティングニードルでつついて、糸が抜けないようにする。

顔表に植毛したところ。

スリッカーブラシをかけて、顔全体を起毛する。

輪郭に合わせてカット。横から見ても丸くなるように形を整えながらカットする。

口の植毛糸はピッコロ1本、モヘア1本を引き揃え、二重にして4本で使用。間隔は1目1段おき程度。

10 根元から鼻先に向かって植毛する。

11 口に植毛し終わったところ。

12 スリッカーブラシをかけ、鼻先からフェルティングニードルで押さえる。押さえ手で毛流れを作りながらつつくとすっきり仕上がる。長い毛はカットする。

13 目の周りも毛流れを作りながら押さえる。

14 各ワンコの植毛指示図を見ながら、フェルティングニードルで形を整える。

15 ブローチ裏の上の方に、縫い針と手縫い糸でブローチピンを縫いつける。

植毛糸の作り方　あみぐるみもブローチも事前に準備しておきましょう。

01 モヘア2本、ピッコロ2本を引き揃える（ワンコによって異なるため材料表を確認）。

02 ラップの芯に5、6回巻きつける。このとき糸端は出しておく。

03 さらに斜めに位置をずらしながら巻きつける。

04 芯から抜くと、中心から糸を引き出せる毛糸玉になる。ブローチの本体は4本どりを二重で使用。

05 あみぐるみはさらに4本に引き揃えた糸を二重にし、8本にする。

06 わの部分をとじ針にかけ、引っ張って押しつぶしておく。

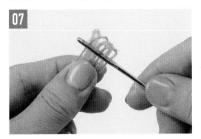

07 つぶしたわの部分に、とじ針の穴を押し当てるように糸を通す。または毛糸用のスレダーを使う。

08 わの部分をカットする。

09 8本の植毛糸を二重にし、16本で使用（頭・胸・体の部分）。あし先や口、耳など細かい部分は一重8本で植毛。

編み図

A1

A 赤柴（キツネ顔）
B 赤柴（タヌキ顔）
C 赤柴（ヒコーキ耳）

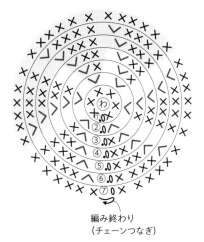

段数	目数	増減数
⑦	36目	増減なし
⑥	36目	6目増
⑤	30目	6目増
④	24目	6目増
③	18目	6目増
②	12目	6目増
①	わの作り目に細編み6目編み入れる	

編み終わり
（チェーンつなぎ）

顔表 **A2** D 黒柴

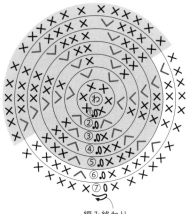

段数	目数	増減数
⑦	36目	増減なし
⑥	36目	6目増
⑤	30目	6目増
④	24目	6目増
③	18目	6目増
②	12目	6目増
①	わの作り目に細編み6目編み入れる	

編み終わり
（チェーンつなぎ）

顔表 **B** G 秋田犬

段数	目数	増減数
⑥	36目	増減なし
⑤	36目	6目増
④	30目	6目増
③	24目	8目増
②	16目	8目増
①	わの作り目に細編み8目編み入れる	

編み終わり
（チェーンつなぎ）

顔表 **C1**

F 紀州犬
H 北海道犬
I 甲斐犬

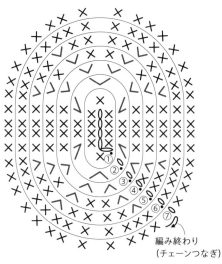

編み終わり
（チェーンつなぎ）

段数	目数	増減数
⑦	40目	増減なし
⑥		
⑤	40目	8目増
④	32目	8目増
③	24目	8目増
②	16目	6目増
①	くさり4目の作り目に細編み10目編み入れる	

顔表 **C2** J 四国犬

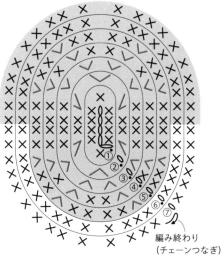

編み終わり
（チェーンつなぎ）

段数	目数	増減数
⑦	40目	増減なし
⑥		
⑤	40目	8目増
④	32目	8目増
③	24目	8目増
②	16目	6目増
①	くさり4目の作り目に細編み10目編み入れる	

顔表 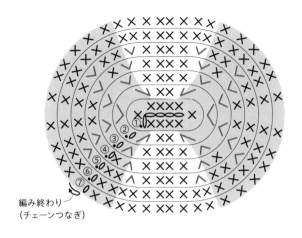 **C3** E 狆

段数	目数	増減数
⑦	40目	増減なし
⑥		
⑤	40目	8目増
④	32目	8目増
③	24目	8目増
②	16目	6目増
①	くさり4目の作り目に 細編み10目編み入れる	

編み終わり
（チェーンつなぎ）

顔裏 **D**
A 赤柴（キツネ顔）
B 赤柴（タヌキ顔）
C 赤柴（ヒコーキ耳）
D 黒柴

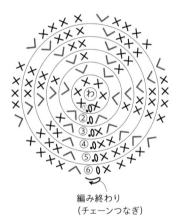

段数	目数	増減数
⑥	36目	6目増
⑤	30目	6目増
④	24目	6目増
③	18目	6目増
②	12目	6目増
①	わの作り目に 細編み6目編み入れる	

編み終わり
（チェーンつなぎ）

顔裏 **E** G 秋田犬

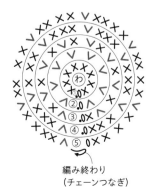

段数	目数	増減数
⑤	36目	6目増
④	30目	6目増
③	24目	8目増
②	16目	8目増
①	わの作り目に 細編み8目編み入れる	

編み終わり
（チェーンつなぎ）

顔裏 **F**
E 狆（横位置で使用）
F 紀州犬
H 北海道犬
I 甲斐犬
J 四国犬

編み終わり
（チェーンつなぎ）

段数	目数	増減数
⑤	40目	8目増
④	32目	8目増
③	24目	8目増
②	16目	6目増
①	くさり4目の作り目に 細編み10目編み入れる	

G1
A 赤柴(キツネ顔)
B 赤柴(タヌキ顔)
G 秋田犬

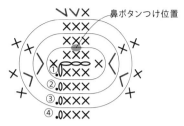

鼻ボタンつけ位置

段数	目数	増減数
④	14目	2目増
③	12目	2目増
②	10目	2目増
①	くさり3目の作り目に細編み8目編み入れる	

G2
C 赤柴(ヒコーキ耳)
D 黒柴

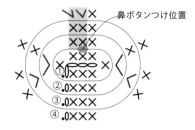

鼻ボタンつけ位置

段数	目数	増減数
④	14目	2目増
③	12目	2目増
②	10目	2目増
①	くさり3目の作り目に細編み8目編み入れる	

H1
F 紀州犬
H 北海道犬
I 甲斐犬

鼻ボタンつけ位置

段数	目数	増減数
⑥	16目	1目増
⑤	15目	3目増
④	12目	2目増
③	10目	2目増
②	8目	2目増
①	くさり2目の作り目に細編み6目編み入れる	

H2
J 四国犬

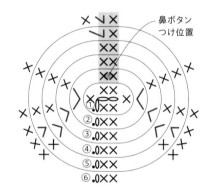

鼻ボタンつけ位置

段数	目数	増減数
⑥	16目	1目増
⑤	15目	3目増
④	12目	2目増
③	10目	2目増
②	8目	2目増
①	くさり2目の作り目に細編み6目編み入れる	

I
E 狆

※裏側を表にする

段数	目数	増減数
②	19目	1目減
①	くさり9目の作り目に20目編み入れる	

78

耳 A 赤柴(キツネ顔)
B 赤柴(タヌキ顔)
C 赤柴(ヒコーキ耳)
D 黒柴
F 紀州犬
G 秋田犬

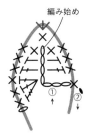

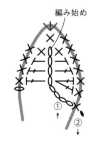

耳 H 北海道犬
I 甲斐犬

耳 J 四国犬

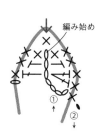

舌 D 黒柴

段数①
くさり3目の作り目に
中長編み8目編み入れる
裏面を表側にしてとじ付ける

舌 **M2** H 北海道犬

段数①
くさり4目の作り目に
中長編み10目編み入れる
裏面を表側にしてとじ付ける

A │ 赤柴（キツネ顔）　➡P.18

※P.68〜参照

● 出来上がりサイズ
タテ約8cm×ヨコ約7cm

◄ 実物大 ►

〈土台の編み図〉

顔表	顔裏	外耳	内耳	口
A1	D	J	J	G1

〈使用糸と針〉

使用法	部位	使用糸	糸色	色番号	引きそろえ	本数	針
土台	顔表・顔裏・外耳	ピッコロ	濃ベージュ	38	1本	2本	4/0号
		モヘア	茶	92	1本		
	顔表・口	ピッコロ	白	1	1本	2本	4/0号
		モヘア	白	1	1本		
	内耳	ピッコロ	白	1	1本	1本	2/0号

〈植毛糸・刺しゅう糸〉

部位		使用糸	糸色	色番号	引きそろえ	本数
顔表	A ▬▬▬▬▬	ピッコロ	濃ベージュ	38	2本	4本
		モヘア	茶	92	2本	
	B	ピッコロ	白	1	2本	※4本
		モヘア	白	1	2本	
目・刺しゅう		ピッコロ	黒	20	1本	1本

※口周りなど細かい部分は4本を一重にして植毛(P.74参照)

〈糸の使用量〉

使用糸	色番号	使用量
ピッコロ	38	7g
モヘア	92	7g
ピッコロ	1	6g
モヘア	1	6g
ピッコロ	20	50cm

〈その他材料〉

種類	色・形	サイズ	量
差し目	黒	8mm	1組
ドッグノーズ	黒	12mm	1個
テクノロート		12cm	2本
ブローチピン		35mm	1個
綿			2g

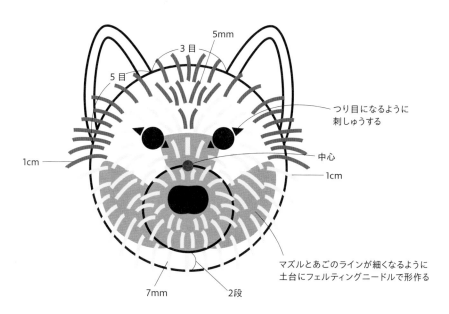

5mm

3目

5目

つり目になるように
刺しゅうする

中心

1cm

1cm

1cm

マズルとあごのラインが細くなるように
土台にフェルティングニードルで形作る

7mm

2段

・顔全体に1cmくらい植毛する。

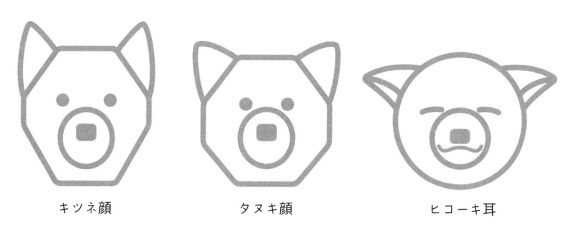

キツネ顔　　　　タヌキ顔　　　　ヒコーキ耳

〈顔の輪郭のシルエットの特徴〉
柴犬は同じ土台ですが、シルエットを変えることで
それぞれの特徴を出しましょう。

B 赤柴（タヌキ顔） ➡P.18

●出来上がりサイズ
タテ約7cm×ヨコ約8cm

◀実物大▶

〈土台の編み図〉

顔表	顔裏	外耳	内耳	口
A1	D	J	J	G1

〈使用糸と針〉

使用法	部位	使用糸	糸色	色番号	引きそろえ	本数	針
土台	顔表・顔裏・外耳	ピッコロ	濃ベージュ	38	1本	2本	4/0号
		モヘア	茶	92	1本		
	顔表・口	ピッコロ	白	1	1本	2本	4/0号
		モヘア	白	1	1本		
	内耳	ピッコロ	白	1	1本	1本	2/0号

〈植毛糸・刺しゅう糸〉

部位		使用糸	糸色	色番号	引きそろえ	本数
顔表	A ▬▬▬	ピッコロ	濃ベージュ	38	2本	4本
		モヘア	茶	92	2本	
	B	ピッコロ	白	1	2本	※4本
		モヘア	白	1	2本	
目・刺しゅう		ピッコロ	黒	20	1本	1本

※口周りなど細かい部分は4本を一重にして植毛（P.74参照）

〈糸の使用量〉

使用糸	色番号	使用量
ピッコロ	38	7g
モヘア	92	7g
ピッコロ	1	6g
モヘア	1	6g
ピッコロ	20	50cm

〈その他材料〉

種類	色・形	サイズ	量
差し目	黒	6mm	1組
ドッグノーズ	黒	12mm	1個
テクノロート		12cm	2本
ブローチピン		35mm	1個
綿			2g

[赤柴 (タヌキ顔)]

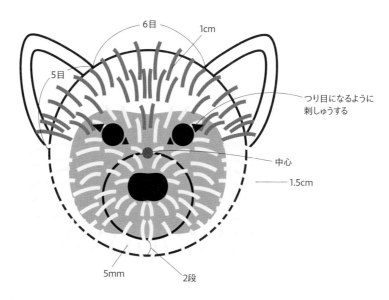

6目　　1cm

5目

つり目になるように
刺しゅうする

中心

1.5cm

5mm　　2段

・顔のシルエットが横長になるようにカットする。
・ ◯ 部分を毛流れに沿ってフェルティングニードルで押さえる。

[赤柴 (ヒコーキ耳)]

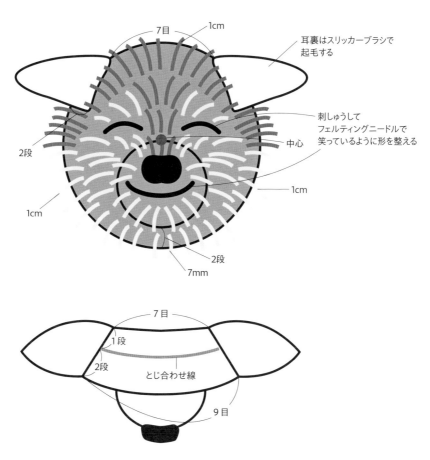

7目　　1cm

耳裏はスリッカーブラシで
起毛する

刺しゅうして
フェルティングニードルで
笑っているように形を整える

中心

2段

1cm

1cm

2段
7mm

7目

1段

2段　　とじ合わせ線

9目

・全体が丸くなるようにカットする。
・ ◯ 部分を毛流れに沿ってフェルティングニードルで押さえる。

C | 赤柴（ヒコーキ耳） ➡ P.19

●出来上がりサイズ
タテ約6.5cm×ヨコ約9cm

実物大

〈土台の編み図〉

顔表	顔裏	外耳	内耳	口
A1	D	J	J	G2

〈使用糸と針〉

使用法	部位	使用糸	糸色	色番号	引きそろえ	本数	針
土台	顔表・顔裏・外耳	ピッコロ	濃ベージュ	38	1本	2本	4/0号
		モヘア	茶	92	1本		
	顔表・口	ピッコロ	白	1	1本	2本	4/0号
		モヘア	白	1	1本		
	内耳	ピッコロ	白	1	1本	1本	2/0号

〈植毛糸・刺しゅう糸〉

部位		使用糸	糸色	色番号	引きそろえ	本数
顔表	A ▬▬▬▬	ピッコロ	濃ベージュ	38	2本	4本
		モヘア	茶	92	2本	
	B	ピッコロ	白	1	2本	※4本
		モヘア	白	1	2本	
目・刺しゅう		ピッコロ	黒	20	1本	1本

※口周りなど細かい部分は4本を一重にして植毛(P.74参照)

〈糸の使用量〉

使用糸	色番号	使用量
ピッコロ	38	7g
モヘア	92	7g
ピッコロ	1	6g
モヘア	1	6g
ピッコロ	20	50cm

〈その他材料〉

種類	色・形	サイズ	量
ドッグノーズ	黒	12mm	1個
テクノロート		12cm	2本
ブローチピン		35mm	1個
綿			2g

D | 黒柴 ➡ P.19

●出来上がりサイズ
タテ約7cm×ヨコ約7cm

実物大

〈土台の編み図〉

顔表	顔裏	外耳	内耳	口	舌
A2	D	J	J	G2	M1

〈使用糸と針〉

使用法	部位	使用糸	糸色	色番号	引きそろえ	本数	針
土台	顔表・顔裏・外耳	ピッコロ	黒	20	1本	2本	4/0号
		モヘア	黒	25	1本		
	顔表・口	モヘア	白	1	1本	2本	4/0号
		モヘア	白	1	1本		
	内耳	モヘア	茶	92	1本	1本	2/0号
	舌	ピッコロ	サーモンピンク	39	1本	1本	3/0号

〈植毛糸・刺しゅう糸〉

部位		使用糸	糸色	色番号	引きそろえ	本数
顔表	A ▬▬▬▬	ピッコロ	黒	20	2本	4本
		モヘア	黒	25	2本	
	B	ピッコロ	白	1	2本	※4本
		モヘア	白	1	2本	
口・刺しゅう		ピッコロ	黒	20	1本	1本
タン・刺しゅう		モヘア	茶	92	2本	2本

※口周りなど細かい部分は4本を一重にして植毛(P.74参照)

〈糸の使用量〉

使用糸	色番号	使用量
ピッコロ	20	10g
モヘア	25	10g
ピッコロ	1	4g
モヘア	1	4g
モヘア	92	2m
ピッコロ	20	50cm
ピッコロ	39	1m

〈その他材料〉

種類	色・形	サイズ	量
プラスチックアイ	ブラウン	9mm	1組
ドッグノーズ	黒	12mm	1個
テクノロート		12cm	2本
ブローチピン		35mm	1個
綿			2g

[黒柴]

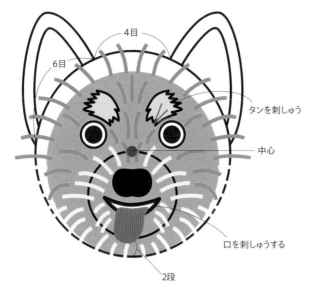

4目
6目
タンを刺しゅう
中心
口を刺しゅうする
2段

タンの刺しゅう
①刺しゅう糸を目頭から扇状にストレート
　ステッチで刺しゅうする。
②目頭側をフェルティングニードルで押さ
　える。
③目尻側の糸の輪をカットする。
④スリッカーブラシでほぐし、毛流れに沿っ
　てフェルティングニードルで押さえる。

・顔全体に1cmくらい植毛する。
・全体が丸くなるようにカットする。
・⬬部分を毛流れに沿ってフェルティングニードルで押さえる。

[狆]

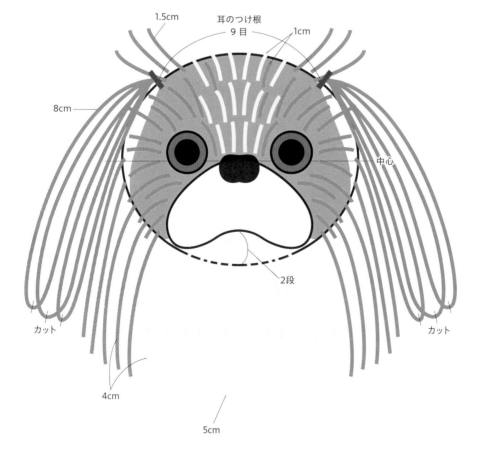

1.5cm
耳のつけ根
9目
1cm
8cm
中心
2段
カット
カット
4cm
5cm

・⬬部分を毛流れに沿ってフェルティングニードルで押さえる。

耳はピッコロ1本、モヘア1本を8cmの厚紙に20回巻き、端を結んで作る。
結んだ根元を本体に縫いつける。

耳先の輪の部分はカットし、ブラッシング、フェルティングニードルでさして、
毛先が広がらないようにまとめる。

E | 狆 ➡ P.26

●出来上がりサイズ
タテ約11cm×ヨコ約11cm

◀ 実物大 ▶

〈土台の編み図〉

顔表	顔裏	外耳	内耳	口
C3	F	なし	なし	I

〈使用糸と針〉

使用法	部位	使用糸	糸色	色番号	引きそろえ	本数	針
土台	顔表・顔裏	ピッコロ	黒	20	1本	2本	4/0号
		モヘア	黒	25	1本		
	顔表・口	モヘア	白	1	1本	2本	4/0号
		モヘア	白	1	1本		

〈植毛糸・刺しゅう糸〉耳は黒の土台糸を8cmの厚紙に20回巻いて使用。

部位		使用糸	糸色	色番号	引きそろえ	本数
顔表	A ▬▬▬▬	ピッコロ	黒	20	2本	4本
		モヘア	黒	25	2本	
	B	ピッコロ	白	1	2本	※4本
		モヘア	白	1	2本	

〈糸の使用量〉

使用糸	色番号	使用量
ピッコロ	20	8g
モヘア	25	8g
ピッコロ	1	6g
モヘア	1	6g

〈その他材料〉

種類	色・形	サイズ	量
プラスチックアイ	ブラウン	12mm	1組
ドッグノーズ	黒	12mm	1個
ブローチピン		35mm	1個
綿			2g

F | 紀州犬 ➡P.27

●出来上がりサイズ
タテ約8.5cm×ヨコ約7cm

〈土台の編み図〉

顔表	顔裏	外耳	内耳	口
C1	F	J	なし	H1

〈使用糸と針〉

使用法	部位	使用糸	糸色	色番号	引きそろえ	本数	針
土台	顔表・顔裏・外耳・口	ピッコロ	白	1	1本	2本	4/0号
		モヘア	白	1	1本		

※外耳・内耳に植毛するため内耳の土台はなし

〈植毛糸・刺しゅう糸〉

	部位	使用糸	糸色	色番号	引きそろえ	本数
顔表・外耳	A	ピッコロ	白	1	2本	※4本
		モヘア	白	1	2本	
内耳	B	モヘア	クリーム	15	2本	2本
目・刺しゅう		ピッコロ	黒	20	1本	1本

※口周りなど細かい部分は4本を一重にして植毛（P.74参照）

〈糸の使用量〉

使用糸	色番号	使用量
ピッコロ	1	12g
モヘア	1	12g
モヘア	15	2g
ピッコロ	20	30cm

〈その他材料〉

種類	色・形	サイズ	量
差し目	黒	6mm	1組
ドッグノーズ	黒	12mm	1個
テクノロート		12cm	2本
ブローチピン		35mm	1個
綿			2g

・顔全体に1cmくらい植毛し、土台の形に沿ってカットする
　（1cmより短い部分もあり）。
・外耳の周りも短く植毛する。
・▨部分を毛流れに沿ってフェルティングニードルで押さえる。

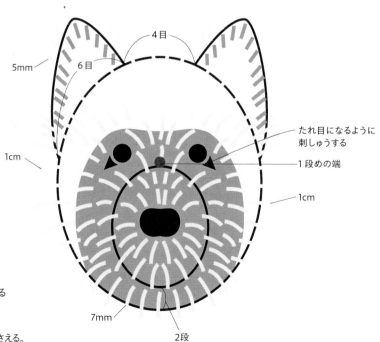

実物大

5mm　6目　4目

たれ目になるように刺しゅうする

1段めの端

1cm

1cm

7mm

2段

G｜秋田犬 ➡ P.28

●出来上がりサイズ
タテ約9cm×ヨコ約9.5cm

実物大

〈土台の編み図〉

顔表	顔裏	外耳	内耳	口
B	E	J	なし	G1

〈使用糸と針〉

使用法	部位	使用糸	糸色	色番号	引きそろえ	本数	針
土台	顔表・顔裏・外耳	ピッコロ	薄ベージュ	16	1本	2本	4/0 号
		モヘア	クリーム	15	1本		
	顔表・口	モヘア	白	1	1本	2本	4/0 号
		モヘア	白	1	1本		

〈植毛糸・刺しゅう糸〉

部位		使用糸	糸色	色番号	引きそろえ	本数
顔表	A	ピッコロ	薄ベージュ	16	2本	4本
		モヘア	クリーム	15	2本	
顔表・外耳の内側	B	ピッコロ	白	1	2本	※4本
		モヘア	白	1	2本	
口・目刺しゅう		ピッコロ	黒	20	1本	1本

※口周りなど細かい部分は4本を一重にして植毛(P.74参照)

〈糸の使用量〉

使用糸	色番号	使用量
ピッコロ	16	9g
モヘア	15	9g
ピッコロ	1	6g
モヘア	1	6g
ピッコロ	20	50cm

〈その他材料〉

種類	色・形	サイズ	量
差し目	黒	6mm	1組
ドッグノーズ	黒	12mm	1個
テクノロート		12cm	2本
ブローチピン		35mm	1個
綿			2g

[秋田犬]

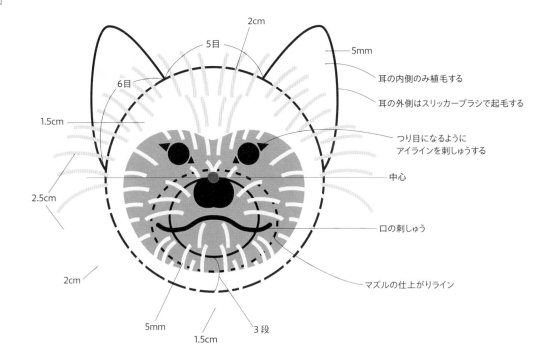

2cm
5目
6目
5mm
耳の内側のみ植毛する
耳の外側はスリッカーブラシで起毛する
1.5cm
つり目になるように
アイラインを刺しゅうする
中心
2.5cm
口の刺しゅう
2cm
マズルの仕上がりライン
5mm
3段
1.5cm

・ ◗部分を毛流れに沿ってフェルティングニードルで押さえる。

[北海道犬]

1cm
3目
6目
1段目の端から1目下がったところ
1.5cm
1cm
つり目になるように刺しゅうする
2cm
口刺しゅうする
1.5cm
2段

ピッコロの黒1本どりで
口を刺しゅうする
4cm
1cm   2cm   1cm
1cm

・ ◗部分を毛流れに沿ってフェルティングニードルで押さえる。

H | 北海道犬 → P.30

●出来上がりサイズ
タテ約10cm×ヨコ約8.5cm

〈土台の編み図〉

顔表	顔裏	外耳	内耳	口	舌
C1	F	K	K	H1	M2

←実物大→

〈使用糸と針〉

使用法	部位	使用糸	糸色	色番号	引きそろえ	本数	針
土台	顔表・顔裏・外耳	ピッコロ	白	1	1本	2本	4/0 号
		モヘア	白	1	1本		
	内耳	ピッコロ	薄ピンク	46	1本	1本	2/0 号
	舌	ピッコロ	サーモンピンク	39	1本	1本	3/0 号

〈植毛糸・刺しゅう糸〉

部位		使用糸	糸色	色番号	引きそろえ	本数
顔表	A	ピッコロ	白	1	2本	※4本
		モヘア	白	1	2本	
口・目刺しゅう		ピッコロ	黒	20	1本	1本

※口周りなど細かい部分は4本を一重にして植毛(P.74参照)

〈糸の使用量〉

使用糸	色番号	使用量
ピッコロ	1	13g
モヘア	1	13g
ピッコロ	20	50cm
ピッコロ	39	1m
ピッコロ	46	2m

〈その他材料〉

種類	色・形	サイズ	量
差し目	黒	6mm	1組
ドッグノーズ	黒	12mm	1個
テクノロート		12cm	2本
ブローチピン		35mm	1個
綿			2g

I｜甲斐犬 ➡P.32

●出来上がりサイズ
タテ約8cm×ヨコ約7cm

〈土台の編み図〉

顔表	顔裏	外耳	内耳	口
C1	F	K	なし	H1

〈使用糸と針〉

使用法	部位	使用糸	糸色	色番号	引きそろえ	本数	針
土台	顔表・顔裏・外耳・口	ピッコロ	黒	20	1本	2本	4/0号
		モヘア	濃茶	105	1本		

顔表・口は編み地の裏面を表側として使用。

〈植毛糸・刺しゅう糸〉

植毛はしない。全体をスリッカーブラシで起毛させる。

〈糸の使用量〉

使用糸	色番号	使用量
ピッコロ	20	8g
モヘア	105	8g

〈その他材料〉

種類	色・形	サイズ	量
差し目	黒	6mm	1組
ドッグノーズ	黒	15mm	1個
テクノロート		12cm	2本
ブローチピン		35mm	1個
綿			2g

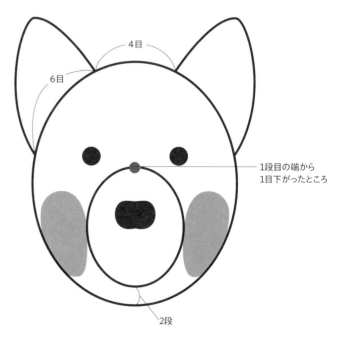

4目

6目

1段目の端から
1目下がったところ

2段

・植毛はしない。
・顔表は裏面を表側として組み立て、スリッカーブラシで起毛する。
・⬤部分を毛流れに沿ってフェルティングニードルで押さえる。

J | 四国犬 ➡ P.33

●出来上がりサイズ
タテ約9cm×ヨコ約7.5cm

◀実物大▶

〈土台の編み図〉

顔表	顔裏	外耳	内耳	口
C2	F	L	なし	H2

〈使用糸と針〉

使用法	部位	使用糸	糸色	色番号	引きそろえ	本数	針
土台	顔表・顔裏・外耳	ピッコロ	黒	20	1本	2本	4/0号
		モヘア	こげ茶	52	1本		
	顔表・口	ピッコロ	白	1	1本	2本	4/0号
		モヘア	白	1	1本		

〈植毛糸・刺しゅう糸〉

部位		使用糸	糸色	色番号	引きそろえ	本数
顔表	A ▬▬▬	ピッコロ	黒	20	2本	4本
		モヘア	こげ茶	52	2本	
	B	ピッコロ	白	1	2本	※4本
		モヘア	白	1	2本	
内耳・目	C ▬▬▬	モヘア	茶	92	2本	2本

※口周りなど細かい部分は
4本を一重にして植毛（P.74参照）

〈糸の使用量〉

使用糸	色番号	使用量
ピッコロ	20	10g
モヘア	52	10g
ピッコロ	1	4g
モヘア	1	4g
モヘア	92	2g

〈その他材料〉

種類	色・形	サイズ	量
差し目	黒	8mm	1組
ドッグノーズ	黒	15mm	1個
テクノロート		12cm	2本
ブローチピン		35mm	1個
綿			2g

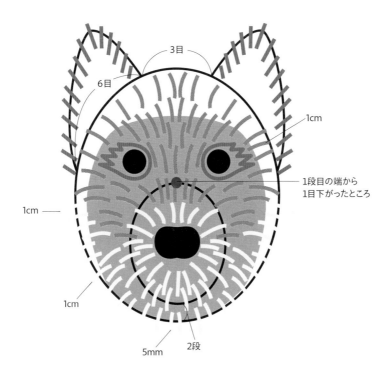

3目

6目

1cm

1段目の端から
1目下がったところ

1cm

1cm

5mm　　2段

・顔全体に1cmくらい植毛し、土台の形に沿ってカットする。
・目の周りは茶色で植毛し、ぼかすように整える。
・⬤部分を毛流れに沿ってフェルティングニードルで押さえる。
・外耳の内側に内耳の毛を植毛する。

編み目記号表

くさり編み　針に糸を巻きつけ、糸をかけ引き抜く。

引き抜き編み　前段の目に針を入れ、糸をかけ引き抜く。

  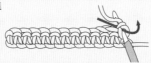 

細編み　立ち上がりのくさり1目は目数に入れず、上半目に針を入れ糸を引き出し、糸をかけ2ループを引き抜く。

立ち上がり1目　　上半目に針を入れる

細編み2目編み入れる　同じ目に細編み2目を編み入れる。

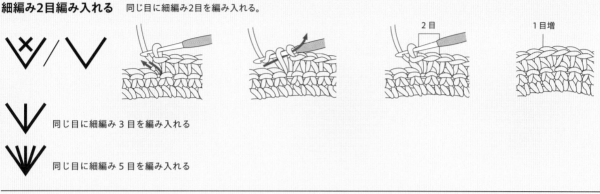

2目　　1目増

同じ目に細編み3目を編み入れる

同じ目に細編み5目を編み入れる

細編み2目一度　1目めに針を入れ糸をかけて引き出し、次の目からも糸を引き出し、糸をかけ3ループを一度に引き抜く。

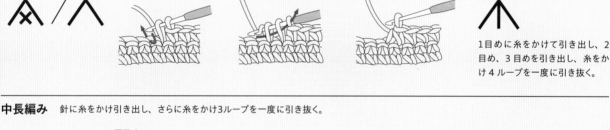

1目めに糸をかけて引き出し、2目め、3目めを引き出し、糸をかけ4ループを一度に引き抜く。

中長編み　針に糸をかけ引き出し、さらに糸をかけ3ループを一度に引き抜く。

1回巻く

台の目　立ち上がり2目

同じ目に中長編み2目を編み入れる

長編み　針に糸をかけ引き出し、さらに糸をかけ2ループ引き抜くを2回繰り返す。

1回巻く

台の目　立ち上がり3目

中長編み2目の変わり玉編み　未完成の中長編みを同じ目に2目編み入れる。糸をかけ矢印のように引き抜き、さらに糸をかけ残りを引き抜く。

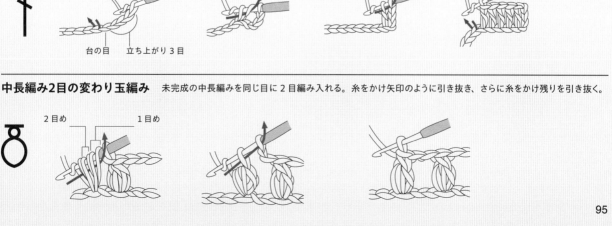

2目め　　1目め

眞道 美恵子
（しんどう みえこ）

うちの子あみぐるみ作家
愛犬・愛猫の特徴をとらえつつ、かわいくデフォルメしたオリジナルのあみぐるみ人形をオーダー制作。ディテールにこだわった、私だけの作品作りを心がける。銀座・吉祥寺にてあみぐるみ教室「もんぱぴ」を主宰。編み図販売・オンラインレッスンも開催。2016年より毎年個展を開催。『抱っこしたくなる　あみぐるみワンコ』(日本文芸社刊)他、著書多数。

https://monpuppy.com
掲載作品の作り方ポイントと動画をホームページで公開

編集　　　　　武智美恵
デザイン　　　伊藤智代美
撮影　　　　　島根道昌、天野憲仁
トレース・校正　ミドリノクマ

素材提供　　　クラフトハート トーカイ (藤久株式会社)
　　　　　　　https://www.crafttown.jp/
　　　　　　　◆手芸材料の通信販売　シュゲール楽天店
　　　　　　　https://www.rakuten.ne.jp/gold/shugale/
　　　　　　　◆手芸材料の通販シュゲール　Yahoo! 店
　　　　　　　https://shopping.geocities.jp/shugale1/
　　　　　　　TEL 0570 (783) 658

　　　　　　　クロバー株式会社
　　　　　　　https://clover.co.jp
　　　　　　　TEL 06 (6978) 2277

　　　　　　　ハマナカ株式会社
　　　　　　　コーポレートサイト：hamanaka.co.jp
　　　　　　　メール：info@hamanaka.co.jp
　　　　　　　TEL 075 (463) 5151 (代)

柴犬と和犬のあみぐるみ
（しばいぬ と わけん のあみぐるみ）

2024年1月1日　　第1刷発行

著　者　　眞道美恵子（しんどう みえこ）
発行者　　吉田芳史
印刷所　　株式会社文化カラー印刷
製本所　　大口製本印刷株式会社
発行所　　株式会社 日本文芸社
　　　　　〒100-0003
　　　　　東京都千代田区一ツ橋1-1-1 パレスサイドビル8F
　　　　　TEL 03-5224-6460(代表)

Printed in Japan 112231218-112231218 Ⓝ 01(201115)
ISBN978-4-537-22167-1
URL https://www.nihonbungeisha.co.jp/
©MIEKO SHINDO 2024
（編集担当　牧野）

内容に関するお問い合わせは
小社ウェブサイトお問い合わせフォームまでお願いいたします。
ウェブサイト　https://www.nihonbungeisha.co.jp/